新版

スペイン語作文の方法

音声DL

構文編

小池 和良

SANSHUSHA

●音声ダウンロード・ストリーミング

1. PC・スマートフォンで本書の音声ページにアクセスします.
https://www.sanshusha.co.jp/np/onsei/isbn/9784384060669/
2. シリアルコード「06066」を入力.
3. 音声ダウンロード・ストリーミングをご利用いただけます.

音声について

吹込者：Luis CEBOLLADA / Melania ISHIDA / 久末絹代

収　録：構文 1 ～ 165 の日本語課題文およびスペイン語解答例.
（00 の数字はトラック番号）
音声をよく聞いて，スペイン語の音やリズムをしっかり身につけてください.

はじめに

本書は日本人を対象としたスペイン語作文の自習書です．スペイン語を読む・聞く・書く・話す能力のうち，本書では書く能力の向上を目標にします．一通り初級文法と呼ばれる文法規則を覚えただけでは，外国語を理解することはもとより，話したり，書いたりすることはできません．これは当然のことです．材料となるもの，たとえば構文や語彙の知識などが不足しているからです．本書の目的はスペイン語で文を書く際に必要な構文の知識を補強して，スペイン語での作文能力を高めることです．ある程度のスペイン語の学習歴がある方を対象にしていますが，初級文法の学習と並行して本書を利用されても，役に立つと思います．一人でも多くの読者が正確に自分の考えをスペイン語で表現できるようになることを願っています．

本書の執筆に際して，スペイン語文を母語話者の観点からチェックしてくださったConcepción Ruiz Tinoco氏とMario García-Page Sánchez氏，また編集の労をとってくださった広沢浩一氏に，書面を借りて心からお礼を申し上げます．

2002年夏

小池和良

新版刊行にあたって

諸般の事情により，このたび三修社から新版を刊行することになりました．構文数および課題文については変更を加えておりませんが，文法用語の若干の変更と練習問題の入れ替えを行いました．新版の刊行に向けてご尽力いただいた大野由紀尋氏と松居奈都氏に心より感謝いたします．

付記

本書には姉妹編『〈新版〉スペイン語作文の方法［表現編］』があります．『表現編』では適切な語彙や表現を選択した上でスペイン語の文を書くことを目標にしています．『構文編』で構文の知識を補強したあと『表現編』でスペイン語の作文能力に更に磨きをかけてください．

本書の使い方

日本人がスペイン語で文章を書くには二つのケースが考えられます．まず自分の考えを直接スペイン語で書く場合です．この場合は知っている構文や語彙，文法規則に従ってスペイン語で考えをまとめていきます．日本語を母語とする人がスペイン語で書くわけですから，ある程度日本語の干渉は避けることはできません．これを避けるためにはなるべく言い表したい内容を，直接スペイン語で考える努力をすることが必要です．

もう一つは日本語で書かれた文をスペイン語に翻訳する場合です . 本書では主にこの翻訳に焦点を当てます．外国語を読む・聞く・書く・話す能力のうち, おそらく「書く」ことが一番むずかしいのではないでしょうか. とりわけ，母語と系統の異なる外国語で書くとなると，その困難さは想像にかたくありません．

日本語の名詞・形容詞・副詞・動詞などがそのまま，スペイン語の同じ品詞と対応するのであれば，翻訳はそれほどむずかしくはないでしょう．しかしこの二つの言語は構造が異なります．日本語の語彙を用いて日本語の構文で表された意味内容を，スペイン語の形式（構造）に従って，スペイン語の語彙を使って表現するときに誤りが生じます．誤りのタイプとしては

1）文法的な誤り（名詞と形容詞の性・数一致や主語と動詞の一致など）
2）構文の誤り
3）語彙の選択に関する誤り
4）発想の違いによる誤り

などが考えられます．本書で 1）と 2）のタイプの誤りのないスペイン語を書く訓練をしましょう．3）と 4）は防止することが最もむずかしい誤りですが，まずスペイン語の文法規則に従って，意味が正しく通じる文を書くことを目指しましょう．

さて，本書の使い方ですが，まずヒントを参考にして，課題文をなるべく辞書の助けをかりずにスペイン語に訳して，それを解答例と比べてみて

ください．そしてできれば課題文の解答例を音声を聞いて暗記してください．次に練習問題を同じ要領で訳してみてください．ただ，本書の利用法はこれだけはありません．課題文がむずかしいと感じる人，あるいは解説の文法的説明が苦手な人は，解答例の音声を繰り返し聞いてから，課題文に挑戦されてもかまいません．また，第 1 章から始めるのではなく，どの章から始めてもかまいません．目次を見て，比較的簡単そうな章や興味のある構文から始めてもかまいません．

本書の 165 の課題文は音声に収録してありますので，繰り返し聞いて，実際に声に出して音読してみてください．時間がかかってもかまいませんから，できれば 165 の課題文をスペイン語で言えるようにしてみてください．音読することによって，また繰り返し聞くことによって無意識のうちにスペイン語の文になじむことができます．

165 の構文と 493 の練習問題が本書に収めてありますが，これはかなりの分量です．したがって，すべての課題文と練習問題を終えたときには，確実にスペイン語の作文能力は向上しているはずです．

最後に日本語をスペイン語に翻訳する際に特に注意したい点を記しておきます．

1）日本語の構文をそのままスペイン語に置き換えない．

2）スペイン語に翻訳する前に，元の日本語の文が何を言おうとしているのかを考える．

3）個々の単語や語句の置き換えをしないで，その文における語や語句の意味を確認する．

和西辞典を引く前にこの注意点を忘れないでください．どうしても不明な語を和西辞典で探す場合は，必ず調べた語を今度は西和辞典や西西辞典で調べ，用例をじっくり見て，その語が実際に日本語の意味に対応しているかを確認してください．辞書はじっくりと丁寧に引くことが大切です．

目次

第 6 章 その他の構文 155

第 7 章 比較構文 181

コラム 目次

第１章
語と語の結合

当然のことですが，語と語は文法規則に従って結びつきます．語と語の結合の法則の詳細に入る前にスペイン語の**品詞**と，文を構成する**文の要素**の知識を整理しておきましょう．

1. 品詞

まず，スペイン語を書く際に要求される統語的（簡単にいうと語の並べ方の）知識を確認しておきましょう．

1）文における品詞の機能を理解する

スペイン語にも，日本語と同じく動詞・名詞・形容詞などの品詞があります．スペイン語を読む場合はもちろん，書く場合にも文における品詞の役割（機能）を理解する必要があります．

2）各品詞間の結合の仕方を覚える

文はいろいろな品詞の結合から成り立っています．品詞の機能を理解し，次に各品詞がどのようにお互いに結合するかを覚えましょう．結合の仕方は文法規則に従っています．たとえば，形容詞の機能は名詞を修飾することですので，tren［名詞］rápido［形容詞］のように，形容詞は名詞と直接結合します．書く際に重要なスペイン語の主な品詞は以下の通りです．

動詞：文の中核となる要素．スペイン語では文法上の主語の人称と数に一致してこの動詞が活用する．

名詞：名詞句の中核となる要素で，文の主語・直接補語などになる．

冠詞：名詞の前に置かれて，名詞が特定されたものであるか（定冠詞），不特定のものであるか（不定冠詞）を示す．

形容詞：名詞を修飾する．名詞の修飾の仕方は，名詞を直接修飾する場合（付加的用法）と，ser, estar などの連結動詞を媒介として，間接的に名詞を修飾する場合の2種類ある（叙述的用法）．

un paisaje［名］**hermoso**［形］	付加的用法
El paisaje［名］es **hermoso**［形］.	叙述的用法

副詞：動詞・形容詞・副詞及び文全体を修飾する．

Come［動］**mucho**.	come を修飾
un partido **muy** emocionante［形］	emocionante を修飾
Canta **muy** bien［副］.	bien を修飾
Probablemente no venga.	文を修飾

前置詞：

a）名詞(句)と結合してs場所・時間などを示す副詞句や形容詞句を作る．

Pedro está **en el cine**.　　場所を示す副詞句
El concierto empieza **a las cinco**.　　時間を示す副詞句
una película **de dibujos animados**　　形容詞句を作る

b）動詞・形容詞・名詞に従属して様々な関係を示す．（→ p.7 支配関係）

接続詞：語と語，文と文をつなげて，様々な意味関係を表す．

問題

次の文の品詞を指摘しなさい．

La policía detuvo ayer al presunto autor del disparo en Shinjuku.
（警察は昨日，新宿の発砲事件の容疑者を逮捕した）

解答

La［冠詞］ policía［名］ detuvo［動］ ayer［副］ al［前＋冠詞］ presunto［形］ autor［名］ del［前＋冠詞］ disparo［名］ en［前］ Shinjuku［名］.

2. 文の要素

スペイン語の文は主部と述部から成り立っています．スペイン語の文を構成する要素には，主語・動詞の他に，属詞・叙述補語・直接補語・間接補語・前置詞補語・状況補語があります．

主語：主部の核となる要素．名詞的機能をもつ語句だけが主語になります．

動詞：述部の核となる要素で，主語と人称（1/2/3人称）と数（単数・複数）において一致します．動詞は品詞の名称としても，文の要素の名称としても使われますので，注意が必要です．

属詞：連結動詞（ser, estar など）とともに現われて，主語についてそれが何であるかを示したり，形容したりする要素を指します．形容詞的機能または名詞的機能をもつ語句，つまり形容詞（句）・代名詞・名詞句・不定詞句・名詞節が属詞として使われます．

Soy **estudiante.**　（私は学生です）

La sopa está **caliente.**　（スープは熱い）

叙述補語：他動詞を介して直接補語を修飾する要素です．形容詞的機能または名詞的機能をもつ語句が叙述補語として使われます．

La considero **una mujer inteligente**.
（私は彼女を**頭の良い女性**だと思う）

直接補語：対格人称代名詞で置き換えられる要素で，他動詞だけがとることのできる補語です．また「特定された人」を示す場合，前置詞 a がつきます．

Esperamos **el autobús**. → **Lo** esperamos.
（私たちは**バスを**待つ）

Esperamos **a Julio**. → **Lo**/**Le** esperamos.
（私たちは**フーリオを**待つ）

間接補語：与格人称代名詞で置き換えられる要素で，前置詞 a によって導かれます．

Escribo una carta **a Julio**.　（私は**フーリオに**手紙を書く）

Le escribo una carta.（le ＝ a Julio）　（私は**彼に**手紙を書く）

前置詞補語：前置詞によって導入され，対格・与格人称代名詞では置き換えられない文の義務的な要素です.

Dispongo **de mucho tiempo**. （私はたくさんの**時間**がある）

状況補語：文の任意の要素で，上記のいずれにも該当しない補語です.

Aprendemos español **en una academia**.
（私たちは**専門学校で**スペイン語を習っている）

以上の文の各要素のうち，属詞・叙述補語・前置詞補語については文法書などで見解の統一がとれていませんが，本書ではこの3要素を上のように区別して話しを進めます.

さて，スペイン語の文は，以上の文の要素の組み合わせから成り立っています．そしてこの組み合わせを決定しているのは主として動詞です．スペイン語の動詞はどのような種類の補語をとるかによって，自動詞・他動詞・連結動詞の三つに大別できますが，同じ自動詞に分類されている動詞でも，主語だけしかとらないものもあれば，間接補語を習慣的にとるものや，前置詞補語をとるものもあります．また前置詞補語を一つだけとる動詞もあれば，二つの前置詞補語をとる動詞もあります．したがって各動詞ごとにどのような補語をとるのかを辞書などで確認する必要があります．そういう情報がのっていない場合は，例文を見てどのような補語が使われているのかを確認しましょう．たとえば，insistir は前置詞 en をとる動詞です．gustar は「～が好きだ」の意味では与格代名詞（間接補語）を要求します．個々の動詞の語義を覚えるだけでなく，使い方も知らなければなりません.

問題

次の文を文の要素に分解しなさい.

La policía detuvo ayer a un presunto autor del disparo en Shinjuku.
（警察は昨日，新宿の発砲事件の容疑者を逮捕した）

解答

La policía［主語］ detuvo［動詞］ ayer［状況補語］ al presunto autor del disparo en Shinjuku［直接補語］.

品詞に分解する場合（p.3）との違いを確認してください．文の要素に分解すると構造がはっきりすることがおわかりになると思います.

3. 結合の種類

すでに述べましたが，語と語は文法規則に従って結びつきます．文法的結合には3つのタイプの結合があります．⑴**修飾関係**に基づいた結合，⑵**支配関係**に基づいた結合と⑶**動詞の統語型**に基づいた結合の3種類です．

3.1. 修飾関係

修飾関係でみるとスペイン語では次のような品詞間の結合が可能です．

a）**動詞←副詞**（副詞が動詞を修飾）

hablar［動詞］mucho［副詞］（たくさん→話す）

b）**副詞→形容詞**（副詞が形容詞を修飾）

muy［副詞］grande［形容詞］（とても→大きい）

c）**副詞→副詞**（副詞が他の副詞を修飾）

muy［副詞］mal［副詞］（とても→下手に）

d）**名詞←形容詞**（形容詞が名詞を修飾）

mesa［名詞］grande［形容詞］（大きな→テーブル）

しかし副詞は名詞を修飾することはできませんから「副詞—名詞」の結合（muy mesa???）は原則として不可能ということになります．

問題

次の句のそれぞれ品詞を指摘して，品詞間の修飾関係を分析しなさい．

1）una mesa muy grande　（とても大きなテーブル）

2）cantar muy mal　（とても歌が下手です）

解答

1）副詞 muy が形容詞 grande を修飾し，muy grande 全体が名詞 mesa を修飾しています．図式で示すと次のようになります．

una mesa［名］←（muy［副］→ grande［形］）
（とても［副］→大きな［形］）→テーブル［名］

2）副詞 muy が別の副詞 mal を修飾し，muy mal 全体が動詞 cantar を修飾しています．次の図を見てください．

cantar［動］←（muy［副］→ mal［副］）

（とても［副］→下手に［副］）→歌う［動］

3.2. 支配関係

支配関係とはある語が他の語を従える関係を指します．スペイン語では〈動詞—前置詞〉〈形容詞—前置詞〉〈名詞—前置詞〉〈副詞—前置詞〉に支配関係があります．それぞれ動詞・形容詞・名詞・副詞が前置詞を支配しています．具体例を見ていきましょう．

a）**動詞—前置詞**：consistir en～（～に存する），pertenecer a～（～に属する）

b）**形容詞—前置詞**：ajeno a～（～とは無縁の），consistente en～（～に存する）

c）**名詞—前置詞**：tendencia a～（～の傾向），aversión a/hacia/por～（～に対する嫌悪感）

d）**副詞—前置詞**：independientemente de ～（～から独立して/～と関係なく），paralelamente a ～（～と並行して）

たとえば，動詞 consistir は前置詞 en を，pertenecer は前置詞 a を常に要求します．ここでは consistir, pertenecer が前置詞を支配しているということになります．通常は同じ派生関係にある語は同じ前置詞を従える傾向にあります（consistir/consistente en～，pertenecer/perteneciente a～）．しかし，異なる前置詞を要求するもの（cercano a～，cerca de ～）もありますので注意が必要です．

また支配関係はすべての動詞・形容詞・名詞・副詞について言えるわけではなく，何の前置詞も必要としない，つまり支配しないものもあります．たとえば comer は前置詞を要求（支配）する動詞ではありません．支配関係の観点から見ると，前置詞は動詞や形容詞の後ろに来ますので「前置詞」という名称は不適切かもしれません．

3.3. 動詞の統語型

動詞がどのような文の要素を必要とするかは各動詞が持っている統語型によって決まります．他動詞は直接補語を要求しますが，自動詞は直接補語をとることができません．また他動詞でも直接補語として名詞句を従えるものもあれば，不定詞句や名詞節を導入するものもあります．自動詞には補語を必要とするものと，必要としないものがあります．また自動詞が補語をとる場合は，前置詞が必要ですが，どの前置詞が必要かは動詞によって異なります．したがって，使いたい動詞が自動詞・再帰動詞・他動詞・連結動詞のいずれに当たるのか，そしてその動詞がどのような統語型で使われるのかを辞書で確認しなければなりません．一部の自動詞を除けば，主語と動詞だけからなる文は余り多くありません．スペイン語の主な動詞の統語型をまとめておきます．

a）連結動詞の主な統語型

〈主語 ＋ 連結動詞 ＋ 属詞〉

Marta［主語］es［連結動詞］estudiante［属詞］.

（マルタは学生です）

b）自動詞・再帰動詞の主な統語型

〈主語 ＋ 自・再帰動詞 ＋前置詞補語〉

Disfrutamos［自動詞］de las comodidades de la vida moderna［前置詞補語］.

（私たちは現代生活の快適さを満喫している）

Me acerqué［再帰動詞］a la farmacia［前置詞補語］para comprar aspirinas.

（私はアスピリンを買いに薬局へ寄った）

〈主語 ＋ 自・再帰動詞 ＋ 前置詞補語 ＋ 前置詞補語〉

Ramón［主語］rivaliza［自動詞］con Pedro［前置詞補語］en inteligencia［前置詞補語］.

（ラモンは頭の良さでペドロと競っている）

Se aprovechó［再帰動詞］de sus amistades［前置詞補語］para conseguir el puesto［前置詞補語］.

（彼は友人を利用してそのポストを獲得した）

〈主語 + 自・再帰動詞 + 属詞〉

Me siento［再帰動詞］aún débil［属詞］después de la enfermedad.

（私は病み上がりでまだ体調が万全ではない）

c）他動詞の主な統語型

〈主語 + 他動詞 + 直接補語［事物］〉

Ramón［主語］visita［他動詞］Tokio［直接補語］.

（ラモンは東京を訪れる）

〈主語 + 他動詞 + 直接補語［人］〉

Marta［主語］quiere［他動詞］a Ramón［直接補語］.

（マルタはラモンが好きだ）

〈主語 + 他動詞 + 直接補語 + 間接補語〉

Te［間接補語］dejo［他動詞］mi bicicleta［直接補語］.

（私は君に自転車を貸してあげる）

〈主語 + 他動詞 + 直接補語 + 前置詞補語〉

Te［直接補語］invito［他動詞］a una cerveza［前置詞補語］.

（君にビールをごちそうするよ）

〈主語 + 他動詞 + 叙述補語 + 直接補語〉

Te［直接補語］veo［他動詞］muy cansado［叙述補語］.

（君はとても疲れているようだね）

以上は，スペイン語の代表的な文型です．問題で扱った，

La policía［主語］detuvo［動詞］ayer［状況補語］al presunto autor del disparo en Shinjuku［直接補語］.

は〈主語 + 動詞 + 直接補語〉に状況補語がついた文ということになります．

実際の文では主語・直接補語・前置詞補語の部分が不定詞句になったり，名詞節になったりするものもあります．また上記以外の統語型をとる動詞（例．天候を示す動詞→構文122）もあります．

これまでに，スペイン語で文を書く際に，是非心得ておきたい「品詞」と「文の要素」からみたスペイン語の「語と語の結合関係」を概観しまし

た．この章で学んだことを念頭において，次の章から実際に日本語をスペイン語に訳していきましょう．

第2章

名詞句・不定詞句・名詞節構文

この章では，名詞句・不定詞句・名詞節を使った構文を学習します．名詞句・不定詞句・名詞節を簡単に定義すると次のようになります．

名 詞 句：名詞を核とした語句．
不定詞句：不定詞を核とした語句．
名 詞 節：文の中に埋め込まれた名詞的機能を果たす文で，主語と動詞がある．

具体例を挙げましょう．以下の例文の下線部がそれぞれ名詞句・不定詞句・名詞節です．

Quiero un café caliente.（熱いコーヒーが欲しい）
　名詞句（un café caliente）＝直接補語
Quiero tomar un café caliente.（熱いコーヒーが飲みたい）
　不定詞句（tomar un café caliente）＝直接補語
Quiero que tomes un café caliente.（君に熱いコーヒーを飲んでほしい）
　名詞節（que tomes un café caliente）＝直接補語
　（主動詞 Quiero からなる文に que tomes un café caliente というもう一つの――直接補語の働きをしている――文が埋め込まれています）

まず「名詞的機能を果たす単位は名詞句・不定詞句・名詞節である」ということをしっかり把握してください．文の要素のうち**主語・属詞・直接補語・前置詞補語は名詞句・不定詞句・名詞節で表すことができます**．上の三つの文を観察すると，動詞 querer は直接補語として名詞句・不定詞句・名詞節をとることのできる他動詞であることがわかります．ここで注意が必要なのは，他動詞がすべて直接補語として名詞句・不定詞句・名詞節を従えることができるわけではないということです．たとえば動詞 tomar は直接補語として名詞句（tomar una copa/un café/una cerveza/un taxi, etc.）しかとることができません．どの要素を従えることができるかは動詞によって違いますので，各動詞の使い方を正確に覚える必要があります．

名詞節における直説法と接続法

名詞節は文の中に埋め込まれた文ですから，主語と動詞があります．直接補語の働きをする名詞節は次のような構文で使われます．

他動詞（主動詞）＋ **que** ＋ **主語** ＋ **動詞**（**従属動詞**）（下線部が名詞節）

不定詞句の場合，動詞は原形のまま使われますが，名詞節では動詞を直説法にするか，接続法にするかという問題があります．直接補語の働きをする名詞節における法の選択は，名詞節を従える主動詞の意味に依存します．主動詞の表す意味内容が，名詞節の動詞（従属動詞）の表す意味に何らかの影響を及ぼす場合は接続法が使われます．意志・願望・忠告・命令・禁止・許可・使役などを表す動詞が主動詞の場合は名詞節の動詞（従属動詞）は接続法になるわけです．次の文を見てください．

Quiero que me **acompañes**.（下線部が名詞節）
主動詞　　　　従属動詞
（私は君について来てほしい）

ここでは Quiero（私は～してほしい）が節の内容に対する願望を表しているので，接続法が使われます．一方，主節の語句に話し手の主観や願望が含意されていない場合は一般に直説法が使われます．

El joven **sabe** que su futuro **es** incierto.（下線部が名詞節）
主動詞　　　　従属動詞
（その青年は自分の将来が不確かであることを知っている）

直説法と接続法を従える動詞

名詞節をとることのできる他動詞はその意味から接続法を要求するグループと直説法を要求するグループに分けることができます．querer, permitir などは従属節に接続法を従える動詞ですが，saber, creer などは従属節に直説法を従えます．

querer のように接続法でしか用いられない動詞はあまり問題はありません．しかし，次の例文に見られるように，同じ動詞でも意味によって直説法と接続法を使い分ける動詞（decir, pretender など）があるので注意が必要です．

El jefe nos **dice** que no **hay** trabajo esta tarde.（伝達）
（上司は今日の午後は仕事がないと我々に言う）

El jefe te **dice** que **vayas** a su despacho ahora mismo.（命令）
（上司は君に今すぐ彼の部屋に来るように言う）

上の例から明らかなように，あることを誰かに「伝達する」場合は直説法の動詞を，あることを誰かに「命令する」場合は接続法の動詞を使うわけです．

接続法を使うか直説法を使うかは文の構造に関わるのではなく，節を支配する（主節の）語句の意味によって決まってきます．実際に作文する場合は，接続法を要求する動詞であるか，直説法を要求する動詞であるかを確認します．どちらを使ってよいか不明の場合は必ず辞書で確認してください．

1. 自動詞・再帰動詞構文

構文 1 descender

わが国では近年出生率が低下している.

ヒント 近年 en los últimos años　出生率 la tasa de natalidad
低下する de-scender

解説

▶ llover や nevar のように主語を必要としない特殊な動詞を除けば，スペイン語の最も単純な構文は〈主語+動詞〉です．課題文はこれに副詞句を追加するだけです．

▶ 主語が長いときには，動詞が先にくることがあります．

▶「低下している」は現在完了を用いれば，現在もまだその減少傾向は継続しているという意味が出てきます．点過去にすると単に「低下した」という意味になります．

解答例

La tasa de natalidad en nuestro país **ha descendido** en los últimos años.

練習問題

1）日本では人口の高齢化（el envejecimiento de la población）が進んでいる.

2）近年C型肝炎ウイルス（el virus de la hepatitis C）に感染する人が増えている.

3）博多行きの新幹線のぞみは9時ちょうどに出発した.

構文 2 pertenecer a ALGUIEN

法律の上では会社は株主のものである.

ヒント 法律 la ley　会社 la empresa　株主 el/la accionista　～のものである pertenecer a ～

解説

▶〈主語＋動詞＋間接補語〉の構文です．自動詞・再帰動詞には間接補語（a＋名詞句）をとるものがあります．

▶「～のものである」という所有の概念は ser de ～で表すこともできますが，解答例では pertenecer a ～ で訳してあります．a los accionistas が間接補語で，与格代名詞で置き換えることができます．

Según la ley, la empresa **les** pertenece.

▶「法律の上では」は La ley establece que… と訳すこともできます．

▶この構文をとる動詞：pertenecer a ～（～に所属する/～のものである），corresponder a ～（～の担当である，～のものである），parecerse a ～（～に似ている）

解答例

Según la ley, la empresa **pertenece a** los accionistas.

練習問題

1）イースター島（la isla de Pascua）はチリの領土である．（pertenecer a ～）

2）組閣（la formación del gobierno）は総理大臣（el primer ministro）の仕事である．（corresponder a ～）

3）彼は父親にとてもよく似ている．（parecerse a ～）

構文3 gustar

私はゴヤの絵が大好きです.

ヒント ゴヤの絵 los cuadros de Goya　私は～が好きです me gusta(n)～

解説

▶gustar（～が気に入る）は通常〈間接補語［与格代名詞］+ 動詞 + 主語〉という倒置構文で使われます.〈a + 名詞句〉が文頭にくることがあります.

A mi padre no le gusta el fútbol.（私の父はサッカーが嫌いだ）

▶与格代名詞は me, te, le, nos, os, les です.

▶他の動詞の例を挙げますので使い方を覚えてください.

Me duelen las muelas.（私は奥歯が痛い）
Me entra sueño.（私は眠くなってきた）
A Marta le tocó la lotería.（マルタは宝くじが当たった）
Nos falta dinero.（私たちはお金がない）

▶この構文をとる動詞：gustar（気に入る），apetecer（食欲をそそる），doler（痛む），importar（迷惑である），faltar（足りない），quedar（残っている），tocar（くじなどが～に当たる），fallar（機能しない）

解答例

Me gustan mucho **los cuadros de Goya**.

練習問題

1）彼は宝くじの特等（el premio gordo）が当たり（tocar）ました.
2）私の息子は休暇がまだ5日残っている（quedar).
3）私の母は奥歯（la muela）が数本欠けている（faltar).

構文4 basarse en ALGO

この小説は実話に基づいている.

ヒント 小説 la novela　～に基づく basarse en ～　実話 el hecho real

解説

▶〈主語＋動詞＋前置詞補語〉の構文です．解答例の en un hecho real が前置詞補語です.

▶「実話」は「実際にあった出来事」のことですから hecho real で訳すことができます．どの実話か不明ですので不定冠詞 un を使います.

▶前置詞補語をとる自動詞・再帰動詞：

de をとる動詞：carecer de ～（～を欠く），disponer de ～（～を持つ，自由に使う），disfrutar de ～（～を享受する，楽しむ）

a をとる動詞：asistir a ～（～に参加・出席する），llegar a ～（～に着く，到達する）

con をとる動詞：contar con ～（～を備える，持つ），contar con alguien（誰かを当てにする），coincidir con ～（～と一致する）

en をとる動詞：consistir en ～（～から成り立つ，～に存する），vivir en～（～に住む），pensar en ～（～のことを考える）

解答例

Esta novela **se basa en** un hecho real.

練習問題

1）2025年にスペインの人口は5千万人を超えるでしょう．（contar con ～）

2）日本の社会は高齢者人口（la población de tercera edad）の増加に直面している．（enfrentarse a ～）

3）僕の夏の休暇は妻の休暇と重ならない．（coincidir con ～）

構文 5 tender a ＋不定詞句

今後，行政の地方分権化が急速に進む傾向にある.

ヒント 今後 de hoy/ahora/aquí en adelante　行政の地方分権化 la descentralización administrativa　〜する傾向にある tender a ＋不定詞句　急速に進む acelerarse

解説

▶〈主語＋動詞＋前置詞補語〉の構文の中に，前置詞補語に不定詞句をとるものがあります．解答例の a acelerarse が tender の前置詞補語として機能しています．

▶〈前置詞＋不定詞句〉をとる自動詞・再帰動詞：

〈a＋不定詞句〉: acertar（たまたま〜する），atreverse（あえて〜する），decidirse（〜する決心をする），limitarse（〜するだけにする）

〈de＋不定詞句〉: tratar（〜しようとする），abstenerse（〜するのを控える），cansarse（〜するのにうんざりする），encargarse（〜するのを引き受ける）

〈en＋不定詞句〉: insistir（〜すると主張する），empeñarse/obstinarse（〜すると言い張る），quedar（〜することに決める）

解答例

De hoy en adelante la descentralización administrativa **tiende a acelerarse.**

練習問題

1）彼らは翌月また会合を持つことにした．(quedar en＋不定詞句)

2）彼女は世界一周旅行に出る決心をした．(decidirse a＋不定詞句)

3）観光客は治安の悪い（con poca seguridad ciudadana）国にあえて出かけようとは思わない．(atreverse a＋不定詞句)

構文 6 enterarse de que ＋直説法

入社してから彼女は会社が旧姓の使用を認めていることを知った.

ヒント 入社してから al [después de] empezar a trabajar　旧姓 el apellido de soltera　～の使用を認める admitir el uso de ～　～を知る enterarse de ～, saber ～

解説

▶〈主語＋動詞＋前置詞補語〉の構文で，前置詞補語として名詞節をとるものです．この場合は動詞の意味によって直説法・接続法のどちらの法を使うかを判断します．enterarse de que ～は「～を知る」という意味ですので，直説法をとります．

▶ enterar は他動詞としては enterar a alguien de ～（誰かに～を知らせる）の形で使われます．

▶「入社してから」はいくつか訳が考えられますが al [después de] empezar a trabajar で課題文の意味は伝わります．

▶この構文で直説法をとる動詞句：

enterarse de que ～（～を知る），percatarse de que ～/reparar en que ～（～に気づく），acordarse de que ～（～を覚えている）

解答例

Después de empezar a trabajar, ella **se enteró de que** su empresa **admitía** el uso del apellido de soltera.

練習問題

1）白川博士は新聞社からの電話でノーベル化学賞（el premio Nobel de Química）の受賞を知った．（enterarse de ～）

2）私はその議員（el parlamentario）が何度か所属政党（el partido）を変えたのを覚えている．

3）先進国（los países desarrollados）の人々は未だに飢餓に苦しんで（padecer el hambre）いる人がたくさんいることを忘れて（olvidarse de ～）いる．

07 構文 7

構文 7 desconfiar de que ＋接続法

刑事は目撃者が真実をすべて話したとは思っていない.

ヒント 刑事 el/la detective　　目撃者 el/la testigo［男女同形］　　真実 la verdad
～と思っていない desconfiar de que ＋ 接続法，no creer que ＋接続法

解説

▶構文6と同じく，前置詞補語として名詞節をとる自動詞・再帰動詞の構文です．ここでは接続法がくる場合を学びましょう．desconfiar de que ～は「～を疑う」「～を信じない」の意味ですので接続法を要求します．

▶この構文で接続法をとる動詞句：

desconfiar de que ～（～を疑う），esperar a que ～（～をするのを待つ），consentir en que ～（～に同意する），alegrarse de que ～（～を喜ぶ），lamentarse de que ～（～を嘆く）

▶insistir en que ～, confiar en que ～, asegurarse de que ～のように直説法も接続法もとるものがあります．この場合は意味の違いが生じますので，辞書の用例で確かめてください．たとえば，〈insistir en que ＋直説法〉は「**～であると強く主張する**」の意味で，〈insistir en que ＋接続法〉は「**～するように要求する**」の意味になります．

解答例

El detective **desconfía de que** el testigo le **haya contado** toda la verdad.

練習問題

1）君が僕に会いに来てくれてとても嬉しい．（alegrarse de ～）

2）私は学生ビザ（el visado de estudiante）が下りるのを待っている．（esperar a ～）

3）私は住民との合意なしに市（el ayuntamiento）がゴミ処理施設（la planta de tratamiento de basura）の建設を許可するのには反対です．（oponerse a ～）

構文 8 competir en ALGO con ALGUIEN

近年，東南アジアの工業製品は日本の工業製品と品質と価格で競合している．

ヒント 近年 en los últimos años　工業製品 los productos industriales　東南アジア el sudeste [sureste] asiático　〜と品質で競合する competir en calidad con 〜

解説

▶ competir か rivalizar で訳せます．いずれも「誰かと何かを競う」の意味で二つの前置詞補語をとることができます．

▶「工業製品」が繰り返し使われていますので，これを避けるために「日本の工業製品」は los japoneses とします．これは los productos industriales japoneses のことです．スペイン語を書くときはできるだけ同じ語句の重複を避けるようにしましょう．

▶二つの前置詞補語をとる動詞：triunfar *sobre* algo/alguien *en* algo（〜において〜に勝つ），sobresalir *de entre* otros *por* algo（〜の中で〜によって抜きんでる），discrepar/diferir *de* otro *en* algo（〜において〜と異なる），aprovecharse/servirse *de* 〜 *para* 〜（〜のために〜を利用する），pasar *de* algo *a* otro（〜から〜へ移る）

解答例

En los últimos años los productos industriales fabricados en los países del sudeste asiático **compiten en** calidad y precio **con** los japoneses.

練習問題

1）日本の憲法（la Constitución）は戦争を放棄（la renuncia a la guerra）しているという点で他の国々の憲法と異なっている．

2）私の生徒の中でペドロは記憶力（capacidad retentiva）で抜きん出ている．

3）財務部長（el director financiero）は長年の経験で会社の財政危機を克服した．

2. 他動詞構文

構文9 conservar ALGO

奈良はまだ伝統的な日本の面影を残している.

ヒント 残している→保つ conservar　面影→郷土色 tipismo, el carácter típico
名残り el vestigio, la huella　伝統的な日本 el Japón tradicional

解説

▶直接補語として名詞句を使う他動詞の構文です. 日本語を文字通りに訳そうとするのではなく, 内容を正確に把握してスペイン語ではどのような構文で表すことができるのかを考えましょう. 課題文の「面影を残している」からでは〈他動詞＋名詞句〉で訳しにくい感じがしますが, 内容を考えて「面影を保つ」と考えれば conservar で訳せます. もちろん quedar も使えます.

▶「面影」もいくつか訳語が考えられますが, 文脈から「(昔の日本の) 特色」と考えて tipismo で訳すことができます.

解答例

1. Nara **conserva** aún un tipismo del Japón tradicional.
2. En Nara queda todavía un tipismo del Japón tradicional.

練習問題

1) ガルシア・マルケスは1982年にノーベル文学賞 (el premio Nobel de Literatura) を受賞した.
2) ラモンは日曜の午後をテレビを見て過ごした (pasar la tarde).
3) オランダ上院は2001年4月に安楽死を合法化する (legalizar la eutanasia activa) 法案を可決 (aprobar el proyecto de ley) した.

構文10 decidir ＋不定詞句

スペイン政府はイギリスからの家畜の輸入を禁止することを決めた.

ヒント ～することを決める decidir + 不定詞句　禁止する prohibir　家畜の輸入 la importación de ganado

解説

▶直接補語として不定詞句をとる他動詞の構文です. 解答例では, prohibir 以下が動詞 decidir の直接補語になっています.

▶直接補語として不定詞句を従える動詞：

〈intentar/procurar + 不定詞句〉（～するよう努める）
〈querer + 不定詞句〉（～したい）
〈preferir + 不定詞句〉（より～したい）
〈sentir + 不定詞句〉（～を残念に思う）

解答例

El Gobierno español **decidió prohibir** la importación de ganado de Inglaterra.

練習問題

1）両首脳（ambos dirigentes）は和平条約の合意の実現に努めている.
（intentar/procurar + 不定詞句）

2）政府は退職者のための新しい年金制度の創設を計画している.
（proyectar + 不定詞句）

3）遅くなって（llegar tarde）申し訳ありません.（sentir + 不定詞の複合形）

構文11 anunciar que ＋直説法

農林水産省は欧州連合産の豚肉や加工品の輸入を停止すると発表した.

ヒント 農林水産省 el Ministerio de Agricultura, Silvicultura y Pesca　欧州連合 la Unión Europea　加工品 el（producto）derivado

---

解説

▶直接補語として名詞節をとる他動詞の構文です. 解答例では名詞節 que 以下が他動詞 anunciar の直接補語になります.

▶名詞節内の動詞の直説法・接続法の選択は主動詞の意味に依存します. 課題文では主節の動詞 anunciar が「(〜ということを) 発表する」の意味なので, 従属節の動詞は直説法になります.

▶この構文をとる動詞 : saber（知る）, creer/pensar（思う）, suponer（想像する）, ver（わかる）, declarar（表明する）, opinar（考える）, reconocer（認める）, prever（予測する）, señalar（指摘する）

解答例

El Ministerio de Agricultura, Silvicultura y Pesca **ha anunciado que se ha prohibido** la importación de carne de cerdo y derivados procedentes de la Unión Europea.

練習問題

1）財務大臣（el ministro de Finanzas）は金融危機（la crisis financiera）から脱するために, 世界銀行に融資（el préstamo）を依頼する意向であることを表明した.（manifestar que 〜）

2）エル・ニーニョ現象（el fenómeno de El Niño）によって世界的な規模で気象異変が起きていると, 気象庁（la Agencia Meteorológica）は指摘した.（señalar que 〜）

3）首相は我が国は財政危機を克服できると断言している.（afirmar que 〜）

構文12 querer que ＋接続法

消費者はメーカーが省エネタイプの食器洗い機を開発することを望んでいる.

ヒント 消費者 el consumidor　メーカー el fabricante　省エネタイプの que consume menos agua y energía　食器洗い機 el lavavajillas　開発する→発明する inventar

解説

▶これも直接補語として名詞節をとる他動詞の構文です. 解答例では名詞節 que 以下が他動詞 querer の直接補語の働きをしています. 動詞 querer は願望を表すため, 従属節の動詞は接続法になります.

▶「省エネタイプの」は日本語の意味を吟味して「より少ない水とエネルギーを使う」と考えます. consumir は, まだ現実のものとなっていない製品のことを述べていますので接続法にします. (→構文42)

▶接続法をとる動詞：querer（～を欲する), esperar（期待する), hacer（するようにさせる), dejar（するままにしておく), tolerar（許容する）

▶否定文になると接続法が使われる動詞：no creer/pensar que～（～とは思わない)（〈creer que＋直説法〉となるので注意）

解答例

Los consumidores **quieren que** los fabricantes **inventen** un lavavajillas que consuma menos agua y energía.

練習問題

1）僕にビールをごちそうさせてくれ.（dejar que ～）

2）国民の大部分は政府が行方不明者の捜索（la búsqueda de personas desaparecidas）を継続することを希望している.（esperar que ～）

3）できるだけ詳細に（con el mayor detalle posible）何が起こったのかを私に説明してほしい.（querer que ～）

構文13 dar ALGO a ALGUIEN

政府は50歳以上の失業者に無期限の手当てを支給している.

ヒント 政府 el gobierno　50歳以上の～ que tienen cincuenta o más años
失業者 el desempleado, el parado　手当て el subsidio

解説

▶直接補語と間接補語の働きをする二つの名詞句とる構文です. 解答例では名詞句 subsidio indefinido が直接補語, a los desempleados que tienen cincuenta o más años が間接補語になります.

▶間接補語は多くの場合は人を指すので, 与格代名詞（me, te, le, nos, os, les）で示すことができます.

▶この構文をとる動詞：dar（与える）, conceder（授与する）, regalar（贈る）, entregar（渡す）, prestar（貸す）, proporcionar（供給する）

解答例

El gobierno **da subsidio indefinido a los desempleados** que tienen cincuenta o más años.

練習問題

1）誕生日に彼女は両親から犬を一匹もらった.（regalar）
2）私は上司から昇進（ascenso）の知らせを受けた.（comunicar）
3）仕事が忙しくて彼は暇な時間（tiempo libre）がない.（dejar）

構文 14 permitir a ALGUIEN ＋不定詞句

フレックスタイムのおかげで，私は午後に大学に通うことができる．

ヒント フレックスタイム el horario flexible　大学に通う ir a la universidad

解説

▶直接補語の働きをする不定詞句と間接補語をとる構文で，多くの場合，間接補語は与格代名詞で示されます．

▶日本語の構文をそのままスペイン語に置き換えて，解答例2の訳も可能ですが，poder を使わずに，permitir を使って訳せます．「フレックスタイムが，私が午後に大学に通うことを可能にする」という発想に切り替えるわけです．主語に人がくることもありますが，事柄を示す語句がよく使われます．

▶この構文をとる動詞：permitir（～が～するのを許す），impedir（～が～するのを妨げる），prohibir（～が～するのを禁止する）

解答例

1. El horario flexible del trabajo **me permite ir** a la universidad por las tardes.
2. Gracias al horario flexible del trabajo, puedo ir a la universidad por las tardes.

練習問題

1）列車の新しいダイヤ（el horario）のおかげで1時間以内で職場に着けるようになる．（permitir）

2）金融の自由化（la liberalización）で国内でも外貨（divisas）での支払いが可能になる．（permitir）

3）私の父は医者に喫煙と飲酒を禁じられている．（prohibir）

構文15 decir a ALGUIEN que ＋直説法

現段階ではワールドカップの代表選手名を挙げることはできないと，監督はマスコミに述べた．

ヒント ワールドカップ la Copa Mundial　代表選手 jugadores seleccionados　名を挙げる citar los nombres　監督 el entrenador　マスコミ los medios de comunicación de masas, la prensa

---

解説

▶直接補語の部分が名詞節〈que＋直説法〉になる構文です．

▶「現段階」はむずかしく考えずに ahora でかまいません．「マスコミに」は a la prensa も使えます．

▶この構文をとる動詞：decir（伝える），comunicar/notificar（伝える・知らせる），manifestar（表明する），advertir（警告する），explicar（説明する），asegurar（確約する）

解答例

El entrenador **ha dicho a los medios de comunicación [la prensa] que** no **puede** citar ahora los nombres de los jugadores seleccionados para la Copa Mundial.

練習問題

1）運転中の携帯電話（el teléfono móvil）の使用によって交通事故が急増する可能性があると，専門家たち（los especialistas）は関係機関（las autoridades competentes）に警告している．（advertir）

2）事務局（la Secretaría）で奨学金（la beca）の申請期間はもう終わったと言われた．（decir）

3）この映画はとてもいい作品だよ．半年以上ロングランを続けているよ．（asegurar）

構文16 pedir a ALGUIEN que ＋接続法

国民は政府に対して，遺伝子組み換え食品の表示の義務化を求めている．

ヒント 国民 el pueblo　遺伝子組み換え食品 el alimento transgénico, el alimento genéticamente manipulado/modificado　表示の義務化→表示することを義務づける obligar a alguien a especificar/advertir/mencionar en las etiquetas

解説

▶〈que＋接続法〉が直接補語の働きをする名詞節で，〈a＋人〉が間接補語の働きをする構文です．動詞 pedir は願望を表すため，従属節の動詞は接続法になります．

▶「表示の義務化」は訳しにくい日本語ですが，文脈から「遺伝子組み換え食品であることをラベルに表示することを義務づける」と考えます．また誰が表示するのか日本語にはありませんから，食品の製造者を補ったほうが内容が明確になります．

▶この構文をとる動詞：pedir/rogar（頼む），aconsejar（忠告する），recomendar/sugerir（勧める），agradecer（感謝する），ordenar（命じる），consentir（同意する）

解答例

El pueblo **pide al gobierno que obligue** a los fabricantes a especificar en las etiquetas los alimentos transgénicos.

練習問題

1）医者は患者（el/la paciente）にタバコとお酒をやめるように助言した．

2）営業部長（el director comercial）は部下たち（los subordinados）に早急に商品をそろえるように指示した．

3）手伝ってくれてどうもありがとう．（agradecer a alguien que ～）

構文17 equipar ALGO con ALGO

大学はコンピューター室に最新の機器を装備した.

ヒント コンピューター室 la sala de computación　最新の機器（コンピューター） los ordenadores más avanzados　～を装備する equipar ～ con ～

解説

▶直接補語の他に〈前置詞＋名詞句（前置詞補語）〉をとる構文です. この場合, 直接補語は名詞句で, 前置詞補語の部分が名詞句・不定詞句・名詞節になります.

▶〈equipar…de/con…〉は「…に～を装備する」の形で使われます.

▶この構文をとる動詞：invitar a alguien a ～（誰かに～をおごる）, comparar ～ con ～（～を～と比べる）, obsequiar a alguien con ～（誰かに～を贈る）, galardonar a alguien con el premio（誰かに賞を与える）, proveer ～ de ～　（～に～を供給する）, privar a alguien de ～（誰かから～を奪う）, ejercitar a alguien en ～（誰かに～の訓練する）

▶dar, conceder の構文との違いに注意してください.

A concede el premio a B.　（AはBに賞を与える）

A galardona a B con el premio.（AはBに賞を与える←Aは賞でBを称える）

解答例

La universidad **equipó la sala de computación con** los ordenadores más avanzados.

練習問題

1）検察官（fiscal）はその公務員を公金横領（malversación de fondos públicos）で訴えた.（acusar a alguien de ～）

2）いかなる権力も想像する自由を誰からも奪うことはできない.（privar a alguien de ～）

3）私はパソコンの購入に50万円（medio millón de yenes）を投資した.（invertir ～ en ～）

構文 18 obligar a ALGUIEN a ＋不定詞句

火山の噴火で，三宅島の住民は全員島から避難しなければならなかった.

ヒント 火山の噴火 la erupción del volcán　三宅島 la Isla Miyake　住民 los habitantes, los vecinos　島から避難する→島を離れる abandonar la isla

解説

▶前置詞補語に不定詞句をとる構文です.

▶obligar は前置詞補語として名詞句も名詞節もとることができますが，主に不定詞句をとります.「火山の噴火」を主語にして obligar を使うと，文が簡潔になります.

▶この構文をとる動詞句：obligar a alguien a hacer algo（～するように誰かに強いる），ayudar a alguien a hacer algo（誰かが～するのを手伝う），invitar a alguien a hacer algo（誰かを～するように誘う・促す），amenazar a alguien con hacer algo（～すると言って誰かを脅す），acusar a alguien de hacer algo（誰かを～と非難・告発する）

解答例

La erupción del volcán **obligó** a todos los habitantes ［vecinos］ de la Isla Miyake **a abandonarla**.

練習問題

1）漁師たちは操業（las actividades pesqueras）を中止すると言って政府に脅しをかけた.（amenazar a alguien con ～）

2）コンプレックスで思春期の若者（adolescente）はうつ病（depresión）に陥ることもありうる.（llevar a alguien a ～）

3）僕のマンションのペンキ塗りを手伝ってくれるかい？（ayudar a alguien a ～）

構文19 considerar ～＋名詞句

県知事はこのダムの建設は必要であると考えている.

ヒント 県知事 el gobernador prefectural　ダムの建設 la construcción de un embalse/ una presa　～は～であると考える considerar ～＋名詞句

解説

▶他動詞には直接補語とこれに言及する叙述補語をとる動詞があります. この構文では直接補語の部分が名詞句・不定詞句・名詞節になります. 叙述補語には形容詞や名詞句が使われます. 形容詞を用いた場合は直接補語の名詞と性・数一致します.

Considero **una necesidad** esta inversión.　[名詞句]

Considero **necesaria** esta inversión.　[形容詞]

（この投資は必要であると思う）

直接補語の名詞句が叙述補語の後にくる点に注意してください. 直接補語が代名詞になったときは, 動詞の前に来ます.

La considero una necesidad/necesaria.

▶この構文をとる動詞：considerar, estimar, juzgar, creer

解答例

El gobernador prefectural **considera necesaria la construcción** de este embalse.

練習問題

1）汚職議員（parlamentarios corruptos）の解任は当然（normal）であると有権者（los electores）は考えている.

2）法務大臣（el ministro de Justicia）は少年法（la Ley del Menor）の改正が必要であると考えている.

3）この駅のホーム（el andén）にエレベーターを設置するのは絶対に必要であると私は思います.

構文 20 considerar ～＋不定詞句

県知事は X 川にダムを建設することが必要であると考えている.

ヒント ダムを建設する construir un embalse/una presa　～することが必要であると考える considerar necesario＋不定詞句

解説

▶叙述補語と直接補語の働きをする不定詞句をとる構文です. 直接補語に名詞句をとる構文との違いを比べてみてください.

El gobernador prefectural considera necesaria **la construcción de este embalse.**
(県知事はこのダムの**建設は**必要であると考えている)

El gobernador prefectural considera necesario **construir este embalse.**
(県知事はこの**ダムを建設すること**が必要であると考えている)

▶課題文では「X 川にダムを建設すること」とありますので, 名詞句ではなく不定詞句を使います.

解答例

El gobernador prefectural **considera necesario construir** un embalse en el río X.

練習問題

1) エアコン (el aire acondicionado) を一日中つけっぱなしにしておくのはエネルギーの浪費 (un despilfarro de energía) だと思います.

2) 総選挙 (las elecciones generales) 前に消費税 (el impuesto sobre el consumo) を引き上げるのはタイミングが悪い (inoportuno) と首相は考えた.

3) 政府が採択した新しい失業対策 (las medidas contra el desempleo) は不十分であると失業者の大多数は思っている.

構文21 considerar ～ que ＋接続法

政府がこのプロジェクトに大金を投資するのは誤りであると思う.

ヒント プロジェクト el proyecto　お金を～に投資する invertir dinero en ～　～は失策であると思う considerar un error que＋接続法

解説

▶叙述補語と直接補語の働きをする名詞節をとる構文です. ここで叙述補語をとる構文を整理しておきましょう.

Considero un error **esta inversión**. ［名詞句］

Considero un error **invertir tanto dinero en este proyecto**. ［不定詞句］

Considero un error **que el gobierno invierta tanto dinero en este proyecto**. ［名詞節］

太字の直接補語の部分が, それぞれ「この投資」「このプロジェクトに大金を投資すること」「政府がこのプロジェクトに大金を投資すること」という日本語に対応しています.

▶課題文では「政府が～を投資する」ことを「失策」であるとみなしていますから, 直接補語を名詞節にしなければなりません.

解答例

Considero un error que el gobierno **invierta** tanto dinero en este proyecto.

練習問題

1）あなた方が一晩中廊下の電気をつけっぱなしにしておくのはエネルギーの浪費だと私は思います.

2）君が親戚を結婚披露宴（el banquete de boda）に招かないのは礼を欠く（una descortesía）と思う.

3）君が携帯電話にそんなに出費するのは馬鹿げている（una locura）と思う.

構文22 mostrarse ＋形容詞

首相は消費税の引き上げに消極的な考えを示した.

ヒント 首相 el primer ministro　消費税 los impuestos sobre el consumo　引き上げ el aumento　消極的な考えを示す mostrarse desfavorable

解説

▶再帰動詞を構成する再帰代名詞が直接補語の働きをしていますので「自分を～であると（表明する）」という意味になります.

▶この構文をとる表現: sentirse cansado（自分が疲れていると感じる）, considerarse ～（自分を～であるとみなす）, mostrarse contento de ～（～に満足であると表明する）, declararse a favor/en contra de ～（～に賛成/反対であると表明する）, manifestarse satisfecho con ～（～に満足であると述べる）, confesarse culpable（自分の罪を認める）, creerse responsable de ～（自分に～の責任があると考える）, proclamarse campeón mundial（世界チャンピオンになる）

解答例

El primer ministro **se mostró desfavorable** al aumento de los impuestos sobre el consumo.

練習問題

1）与党（el partido gubernamental）の党首（el presidente）は参議院議員選挙（las elecciones para la Cámara Alta）の結果に満足していると表明した.

2）野党（el partido de la oposición）は憲法の改正（la reforma constitucional）に反対であると表明した.

3）両親は息子の非行（la delincuencia）は, 自分たちに責任があると考えている.

3. 連結動詞

構文23 estar convencido de que ＋直説法

現代社会は差別と偏見に満ちていると私は確信している.

ヒント ～と確信している estar convencido de que＋直説法　差別 la discriminación　偏見 el prejuicio　～に満ちている estar lleno de ～

解説

▶スペイン語には前置詞を媒介として名詞句・不定詞句・名詞節を従える形容詞があります．例を見てください．

Estoy convencido de **ello.**［名詞句］

Estoy convencido de **poder ganar las oposiciones.**［不定詞句］

Estoy convencido de **que Pablo va a ganar las oposiciones.**［名詞節］

主語と不定詞の意味上の主語が一致する場合は不定詞句の構文に，それ以外は名詞節を使います．名詞節がくる場合は〈形容詞＋前置詞＋名詞節〉の構文になり，名詞節の動詞の直説法・接続法の選択は形容詞の意味に依存します．解答例の convencido は直説法を要求しますが，否定文になると接続法が使われます．

No estoy nada convencido de que la humanidad **pueda** crear un mundo sin guerras.（人類が戦争のない世界を作れるとは私は全く思っていません）

解答例

Estoy convencido de que la sociedad actual está llena de discriminaciones y prejuicios.

練習問題

1）僕はきっと明日は雨が降ると思う．（estar seguro de que ～）

2）私はこのプロジェクトは断念したほうが賢明だと確信している．

3）新大統領は経済の再建が国の最優先課題（el asunto primordial）であることを自覚している．（ser consciente de que ～）

構文24 estar contento de que ＋接続法

君に仕事が見つかってよかったね.

ヒント よかったね→～を嬉しく思っている estar contento de que＋接続法　仕事を見つける→仕事を得る conseguir un trabajo

解説

▶〈形容詞＋de que＋接続法〉の構文で，名詞節内の動詞は contento の意味に依存して接続法になります．形容詞 contento も補語として，名詞句・不定詞句・名詞節をとることができます．

Estoy contento **de mi trabajo.**［名詞句］（**con** mi trabajo も可）

Estoy contento **de haber conseguido un trabajo.**［不定詞句］

▶この構文をとる表現：estar contento de ～（～に満足している），estar/sentirse satisfecho de ～（～に満足している），estar cansado/harto de ～（～に飽き飽き/うんざりしている），estar/sentirse orgulloso de ～（～を誇りに思っている/感じている）

解答例

Estoy contento de que hayas conseguido un trabajo.

練習問題

1）彼女はスペイン語弁論大会（el concurso oratorio del español）で優勝してとても満足している．（sentirse satisfecho de ～）

2）私たちは現代映画に暴力シーン（escenas de violencia）が多すぎることにうんざりしている．（estar harto de que ～）

3）日本のプロ野球ファン（el *fan* del béisbol）は大リーグ（las Grandes Ligas）で活躍する（conseguir éxitos）日本人選手がいることを誇りに思っている．（sentirse orgulloso de que ～）

4. 同格構文

スペイン語のいくつかの名詞は，前置詞 de を介して「～という」意味の同格の不定詞句や名詞節を従えることができます．「～する可能性」(posibilidad(es) de ～)，「～という考え」(la idea de ～)，「～という願い」(el deseo de ～) などの日本語を翻訳する場合にこの構文を使うことができます．不定詞が続く場合は〈**名詞＋de＋不定詞句**〉という構文になり，名詞節が続く場合は〈**名詞＋de que＋直説法・接続法**〉という構文になります．名詞節内の動詞の直説法・接続法の選択は先行する名詞の意味に依存します．

コラム 可算名詞と不可算名詞

スペイン語の名詞には**可算名詞**（数えられる名詞）と**不可算名詞**（数えられない名詞）があります．この違いは〈mucho ＋ 名詞〉(たくさんの～) にするときに明確になります．可算名詞は mucho の後では複数形（muchos libros, muchas revistas）になりますが，不可算名詞は単数形（mucho dinero, mucha fortuna）で使われます．以上は原則ですが，可算名詞が mucho の後で単数形で用いられることがあります．たとえば，

Había **muchos intelectuales** en la reunión.
（会議にはインテリがたくさんいた）

では単にインテリの数に言及していますが，

Había **mucho intelectual** en la reunión.
（会議にはインテリ連中がたくさんいた）

では皮肉や軽蔑の意味が含まれます．「テレサは彼には出来すぎた（もったいない）女性です」もこの用法で訳すことができます．

Teresa es **mucha mujer** para él.

構文 25 名詞＋ de ＋不定詞句

砂漠の遠征では道に迷ったり，砂嵐に遭う可能性があります．

ヒント 砂漠の遠征 la expedición al desierto　道に迷う extraviarse　砂嵐 la tormenta de arena　～する可能性がある existe la posibilidad de ～

解説

▶名詞に同格の不定詞句が続く〈名詞＋de＋不定詞句〉という構文です．posibilidad(es)（可能性），idea（考え），oportunidad/ocasión（機会），intención（意向），esperanza（希望），costumbre（習慣）などの名詞がよく使われます．

▶〈名詞＋de＋不定詞句〉は名詞句ですので，文の主語になることもあれば，tener などの直接補語になることもあります．

La idea de organizar un concierto de salsa **surgió** de la charla entre los aficionados a la salsa.
[surgir の主語]（サルサのコンサートを開催しようというアイデアは…）

El alcalde **tuvo la amabilidad de conceder**nos una entrevista.
[tener の直接補語]（市長は私たちに面会して下さった）

解答例

En una expedición al desierto existe **la posibilidad de extraviarse o encontrarse** con tormentas de arena.

練習問題

1）私は食後にコーヒーを飲む習慣はありません．

2）時間が経つにつれて（según），行方不明の生存者が見つかる可能性が少なくなっている．

3）スペインへ行けるという思いで，彼女はスペイン語を以前より熱心に勉強するようになった．

構文 26 名詞＋ de que ＋直説法

日本国民の大半は，政府が所得税を引き上げるという知らせを落胆して受けとめた．

ヒント 日本国民の大半 la mayoría del pueblo japonés　所得税 el impuesto sobre la renta　引き上げる subir, aumentar　〜という知らせ la noticia de que ＋直説法　落胆して受けとめる recibir con decepción

解説

▶名詞に同格の名詞節が続く〈名詞＋de que〉という構文です．この構文では名詞の意味によって，同格の名詞節の動詞を直説法か接続法にします．解答例の名詞 noticia（知らせ）は特に名詞節の内容に影響を及ぼさないので，名詞節内の動詞は直説法にします．

▶直説法を要求する名詞：noticia（知らせ），rumor（噂），conclusión（結論），explicación（説明），seguridad（確信），prueba（証拠），indicios（兆候）

解答例

La mayoría del pueblo japonés recibió con decepción **la noticia de que** el gobierno **iba** a subir el impuesto sobre la renta.

練習問題

1）明日，選抜試験（las oposiciones）を受けなければならないと思うと僕は眠れない．（la idea de que＋直説法）

2）首相が今月中に辞職する（dimitir, presentar la dimisión）という噂が流れている．（corre el rumor de que＋直説法）

3）この冬インフルエンザ（la gripe）が流行する兆候がある（existen indicios de que＋直説法）．

構文27 名詞＋ de que ＋接続法

近年，休暇を増やしてほしいという声がだんだん高まっている．

ヒント 近年 en los últimos años　休暇を増やす incrementar las vacaciones　～してほしいという声→～という願い el deseo de que＋接続法　高まる→一般化する generalizarse

解説

▶ de que se incrementen las vacaciones が el deseo の内容を示す補語になっています．名詞節の内容が deseo に依存しているため，名詞節内の動詞は接続法にします．

▶このタイプの頻度の高い表現に el hecho de que ～（～ということ）があります．この表現は文脈によって直説法も接続法もとることのできる構文ですが，接続法のほうがよく使われます．

▶接続法を要求する名詞：posibilidad（可能性），perspectiva（見込み・予想）

▶直説法でも接続法でも使われる表現：el hecho de que ～（～ということ），la idea de que ～（～という考え・思い）

解答例

En los últimos años está cada vez más generalizado **el deseo de que se incrementen** las vacaciones.

練習問題

1）そのピアニストは世界の巨匠たち（grandes maestros）に教えを受けるというチャンスに恵まれた．（tener la oportunidad de que＋接続法）

2）人が多すぎるということが，東京での暮らしを不快なものにしている．（el hecho de que＋接続法）

3）娘が好条件の仕事を断るというので，父親はかんかんに怒っている．（el hecho de que＋接続法）

5. 前置詞の支配

動詞と前置詞補語にみられる動詞と前置詞の支配関係は，名詞と前置詞や形容詞と前置詞の間にも存在します．また，数は少なくなりますが，いくつかの副詞と前置詞の間にも存在します．一般的な傾向としては，派生関係にある動詞・名詞・形容詞は同じ前置詞をとります．たとえば，動詞 pertenecer は a をとりますが，その派生語である名詞 pertenencia と形容詞 perteneciente も a をとります．動詞が要求する前置詞は前置詞補語という文の一つの要素を形成しますが，名詞や形容詞が要求する前置詞は，名詞や形容詞を補う補語として，それぞれ名詞句と形容詞句を作ります．

コラム 前置詞支配のゆれ

派生関係にある語は同じ前置詞を従える傾向にあることは確かですが，この原則に反する場合があります．たとえば，動詞 desconfiar は de しか従えることができませんが，名詞 desconfianza は他の前置詞を従えることができます．

desconfianza **al** médico （医師への不信）
su desconfianza **hacia** mí （私に対する彼の不信）
su desconfianza **ante** la oferta de colaboración
（協力の申し出に対する彼の不信感）

また前置詞をとらない他動詞と派生関係にある名詞には特定の前置詞を要求するものがあります．solucionar, visitar, apoyar は直接補語を導入するとき前置詞を要求しませんが（人が直接補語の場合は除外），その名詞 solución, visita, apoyo は前置詞 a を従えます．

buscar solución **al** problema （問題の解決策を探す）［solucionar el problema］
mi visita **a** Madrid （私のマドリード訪問）［visitar Madrid］
su apoyo **al** proceso de paz
（和平プロセスに対する彼の支持）［apoyar el proceso de paz］

このように派生関係にある語でも，導入する前置詞に違いがある場合がありますので注意が必要です．

構文28 rechazo a ALGO

狂牛病は消費者の牛肉離れを引き起こした.

ヒント 狂牛病 el mal de las vacas locas　消費者 el consumidor　牛肉 la carne bovina　消費者の牛肉離れ→消費者の牛肉に対する拒絶 el rechazo de los consumidores a la carne bovina

解説

▶補語を従えた名詞は名詞句を作りますので，文の主語になることもあれば，他動詞の直接補語として使われることもあります．後者の場合 tener などと使われると，tener miedo a ～（～が怖い）のように，意味的な述部を作ることができます．

▶特定の前置詞を従える名詞：olor a ～（～の匂い），miedo a ～（～に対する恐怖），temor a ～（～に対する恐れ），manía/aversión a ～（～への嫌悪），apoyo a ～（～への支持・支援），rechazo a ～（～の拒否），solución a ～（～に対する解決），lealtad/fidelidad a ～（～への忠誠），premio a ～（～への賞），afición a ～（～への愛着），tendencia a ～（～の傾向），conformidad con ～（～に対する同意・承認），especialista/experto en ～（～の専門家）

解答例

El mal de las vacas locas provocó **el rechazo** de los consumidores **a** la carne bovina.

練習問題

1）焦げ臭い匂いがしませんか？（sentir olor a quemado）

2）日本政府はロシアとの漁業紛争（el conflicto pesquero）の解決策を早急に見い出さなければならない．（solución al conflicto pesquero con ～）

3）私は爬虫類（los reptiles）がとても苦手です．（tener manía/aversión a ～）

29 構文 29

構文29 generoso con ALGUIEN

彼女は他人にとても寛大だが，自分自身にはとても厳しい.

ヒント 他人に寛大な generoso con los demás　自分自身に厳しい severo consigo mismo[ma]

解説

▶「自分自身には厳しい」は severo consigo mismo ですが，主語が ella ですので severa consigo misma となります.

▶特定の前置詞を従える形容詞：ajeno a ～（～とは無関係の），contrario a ～（～に反する），equivalente a ～（～と等しい），sujeto a ～（～に拘束された），contiguo a ～（～と隣接する），amable con ～（～に親切な），contradictorio con ～（～と矛盾する），coherente con ～（～と一貫性のある），severo con ～（～にきびしい），generoso con ～（～に寛大な），lleno de ～（～で一杯の），escaso de ～（～が不足した），rico en ～（～が豊富な），abundante en ～（～に富んだ），parco en ～（～に乏しい，～に控えめな）

▶ser や estar とともに使われることがありますが，どちらを使うか形容詞の意味によります．たとえば，amable, generoso, severo, contradictorio などは ser と，sujeto, lleno は estar と使われます.

解答例

Ella es muy **generosa con** los demás, pero muy **severa con**sigo misma.

練習問題

1）彼の行いは言っていることと矛盾している．（ser contradictorio con ～）

2）市立（municipal）図書館には反道徳的と考えられる本は所蔵されていない.
（反道徳的な→道徳に反する：contrario a la moral）

3）ボリビアは鉱物資源（los recursos minerales）の豊富な国です.
（abundante en ～）

第3章

主格不定詞句・主格名詞節構文

本章では不定詞句や名詞節が文法上の主語になる構文を学習しましょう．使用頻度の高い構文ですので，是非マスターしておきたい構文です．この構文の特徴は次の三つにまとめることができます．

a）文法上の主語は不定詞句か名詞節なので，動詞は3人称単数の活用になる．

b）文法上の主語になる不定詞句や名詞節は動詞の後にくる．

c）与格代名詞をとる場合がある．

次の文を見てください．

(1) Es mejor **ir a pie hasta la estación.**
（**駅まで歩いて行った**ほうがよい）

(2) Es mejor **que vayamos a pie hasta la estación.**
（**私たちは駅まで歩いて行った**ほうがよい）

(3) Me es imposible **asistir a la fiesta.**
（**パーティーに出席するのは**私には無理です）

太字の部分が文法上の主語で，動詞 ser はすべて3人称単数の活用形 es になっています．語順を見るといずれの場合も主語が一番後ろに来ています．また最後の文では me という与格代名詞がついています．この構文では，不定詞句―(1) (3)の場合―，もしくは名詞節―(2)の場合―が文法上の主語になります．主語が yo, tú などの代名詞でもなく，特定の名詞が使われている名詞句でもない点に注意してください．

不定詞句を使うか名詞節を使うかは，何を述べたいかによります．不定詞句を使う場合は，不定詞の意味上の主語が誰であるのかは明示されていません．上に挙げた例文(1)では「誰が」駅まで歩いて行くのかということは明示されていません．「私たちは」と行為者をはっきりさせたい場合は，例文 (2)のように名詞節を使う必要があります．ただ，不定詞句を用いた場合でも，例文(3)のように間接補語の代名詞を用いて行為者を明示することもできます．

さて，この構文は ser や estar などの連結動詞を使う場合と，他の自動詞もしくは他動詞を使う場合に大別できます．自動詞を使う場合は与格代名詞が，他動詞を使う場合は対格代名詞を用いることがあります．

Me **conviene** que no vengas conmigo. ［自動詞］

Me **preocupa** que haya tantos desempleados. ［他動詞］

1. 連結動詞

構文30　Es más económico＋不定詞句

大都市では自家用車より公共交通を利用したほうが経済的です.

ヒント A より B が経済的です Es más económico B que A　大都市 las grandes ciudades　自家用車 coche particular　公共交通 el transporte público

---

解説

▶〈es + 形容詞 + 不定詞句〉の構文で，不定詞句が文法上の主語です．解答例では utilizar el transporte público が文法上の主語です．

▶この構文で使われるいくつかの形容詞は，与格代名詞または para をとることができます．

Me es difícil llegar hoy a Madrid.
（今日マドリードに到着するのは**私には**むずかしい）

▶この構文をとる形容詞：conveniente（都合がよい），peligroso（危険である），necesario（必要である），difícil（むずかしい），imposible（不可能である），mejor（よりよい），preferible（好ましい），aconsejable（勧められる），prematuro（時期尚早である，早い）

解答例

En las grandes ciudades **es más económico utilizar** el transporte público que el coche particular.

練習問題

1）ラッシュの時間帯（las horas punta）はタクシーより地下鉄に乗ったほうがよい．（es mejor 〜）

2）何事も専門家（el experto）の意見に耳を傾けることがのぞましい．（es aconsejable 〜）

3）出生率（la tasa de natalidad）が回復し（recuperarse）始めたと断言するのはまだ時期尚早である．（es prematuro 〜）

構文31 Es una pérdida de tiempo＋不定詞句

交通渋滞のときにタクシーに乗るのは時間の無駄です.

ヒント 交通渋滞 la congestión de coches, el atasco, el embotellamiento　タクシーに乗る tomar un taxi　～するのは時間の無駄です Es una pérdida de tiempo ～

解説

▶〈es + 名詞句 + 不定詞句〉の構文で, 不定詞句が文法上の主語になります. この構文では色々な名詞句を使うことができますが, 例をいくつか挙げておきましょう.
una pérdida de tiempo（時間の無駄）, un desperdicio de dinero（お金の浪費）, un pecado（罰あたり）, una pena/lástima（残念）, una descortesía（無礼）, una desgracia（不幸）, un disparate（ばかげた）, un fastidio（うんざり）, un engorro（厄介・面倒）, un peligro（危険）

▶「交通渋滞のときに」は cuando hay atasco/congestión de coches と訳すとよいでしょう.

解答例

Es una pérdida de tiempo tomar un taxi cuando hay atasco.

練習問題

1）職場に行くのに何度も乗換えをしなければならないのは厄介だ.
（es un engorro ～）

2）宝くじを買う（jugar a la lotería）のはお金の浪費だと私は思います.

3）そんなに沢山の食べ物をゴミ箱に捨てる（tirar a la basura）なんて罰があたります.

構文32 Es evidente que＋直説法

雇用市場で中高年の求人数が非常に少ないことは明らかです.

ヒント ～は明らかです Es evidente que + 直説法　求人数 el número de ofertas de trabajo　中高年 personas de edad mediana y avanzada　雇用市場 el mercado laboral

解説

▶〈es + 形容詞 + que + 直説法〉の構文です．解答例の evidente は「明白な」という意味を示すので直説法の動詞を使います．

▶「求人数」はあえて「～数」にこだわらずに muy pocas ofertas で訳すと，動詞は hay を使えます．

▶直説法をとる表現（否定文になると接続法）: Es seguro/cierto que ～（～は確かです），Es evidente/obvio que ～（～は明らかです），Es indudable que ～（～は疑いの余地がありません），Es indiscutible que ～（～は議論の余地がありません），Está claro/visto/demostrado/comprobado que ～（～は明らかです・～ははっきりしている），Es innegable que ～（～は否定できない）

解答例

Es evidente que hay muy pocas ofertas en el mercado laboral para personas de edad mediana y avanzada.

練習問題

1）わが国が深刻な財政危機に直面しているのは確かな話です.
（Es cierto que ～）

2）大気中への二酸化炭素（dióxido de carbono）の排出（las emisiones）が地球温暖化（el efecto invernadero de la Tierra）と大いに関連がある（tener mucho que ver con ～）ことは疑いの余地がありません.

3）通信システム（los sistemas de comunicación）の著しい進歩が私たちの日常生活に大きな変化をもたらしたことは明らかです.

構文33 Es necesario que ＋ 接続法

大都市の空気を浄化するには，政府が様々な汚染物質の発生源を規制する必要があります．

ヒント ～する必要がある Es necesario que＋接続法　空気を浄化する descontaminar el aire　汚染物質の発生源 fuentes emisoras de（sustancias）contaminantes, agente contaminador　規制する controlar　大都市 las grandes ciudades

解説

▶〈es ＋ 形容詞 ＋ que ＋ 接続法〉の構文です．「～が必要です」を訳す際に〈es necesario ＋ 不定詞句〉〈es necesario que ＋ 接続法〉が候補にあがりますが，どちらにするかは「規制する」の主語が明示されているかどうかによります．課題文では「政府が規制する」となっていますので〈que ＋ 接続法〉を使います．「規制する」の意味上の主語が明示されていなければ不定詞句の構文にします．つまり … es necesario controlar …とします．

解答例

Para descontaminar el aire de las grandes ciudades, **es necesario que** los gobiernos **controlen** las diferentes fuentes emisoras de contaminantes.

練習問題

1）私たちは市役所まで歩いて行ったほうがよい．（es mejor que ～）

2）政府が識字率（la tasa de alfabetización）を高める努力をすることが重要です．

3）彼に話しかけても無駄です．今日はご機嫌斜めですから．（es inútil que ～）

◆接続法をとる表現

Es necesario/preciso que ～	（～が必要です）
Es indispensable que ～	（～は不可欠です）
Es imprescindible que ～	（～は不可欠です）
Es posible que ～	（～かもしれない）
Es probable que ～	（～はありえる）
Es fácil que ～	（～がありそうだ）
Es imposible/difícil que ～	（～はありえない）
Es mejor que ～	（～したほうがよい）
Es conveniente que ～	（～が都合がよい）
Es normal/natural/lógico que ～	（～は当然です）
Es importante que ～	（～は重要です）
Es fundamental que ～	（～最も大事です）
Es lamentable/triste que	（～は残念です）
Es deseable que ～	（～が望ましい）
Es sorprendente que ～	（～は驚きです）
Es inútil que ～	（～は無駄です）
Es inevitable que ～	（～は不可避です）

構文34 Es una vergüenza que ＋ 接続法

東京の緑地がだんだんなくなっていくのは本当に情けないことです.

ヒント ～は情けない Es una vergüenza que + 接続法　緑地 zonas verdes　だんだん（～な/する）cada vez + 比較級

解説

▶ que 以下の名詞節が動詞 es の文法上の主語になります.

▶ una vergüenza は主観的な判断ですので，名詞節の動詞は接続法を使います．形容詞 lamentable を使って訳すこともできます．（解答例2）

▶「だんだんなくなる」は se pierden cada vez más zonas verdes と訳すことができますが，hay cada vez menos zonas verdes でもかまいません.

解答例

1. **Es una verdadera vergüenza que haya** cada vez menos zonas verdes en Tokio.
2. **Es muy lamentable que se pierdan** cada vez más zonas verdes en Tokio.

練習問題

1）ビールを飲みながらこの上等な肉を食べたら君には罰があたります.
（Es un pecado que ～）

2）旧市街（el casco antiguo）に近代的なビルが建てられるのは残念です.
（Es una pena que ～）

3）あなたが日本にやって来て京都に行かないなんてもったいないです.
（Es un pecado que ～）

◆この構文をとる表現

Es una pena que + 接続法 （～は残念です）

Es un pecado que + 接続法 （～は罰があたります）

Es una descortesía que + 接続法 （～は無礼である）

Es un disparate/una estupidez que + 接続法 （～は馬鹿げている）

Está fuera de mis cálculos que + 接続法 （～は私の計算外・予想外である）

▶直説法を要求する名詞句

Es creencia popular que la leche contiene mucho calcio.
（牛乳はカルシウムが豊富であると人々は信じている）

コラム 否定と名詞の数

「私はとてもお腹がすいているけれども，ハンバーガーは食べない」をスペイン語に訳してみましょう.「腹がすいている」は tener hambre で,「ハンバーガー」は hamburguesa ですから，おそらく次のように言うことができるでしょう.

(a) Aunque tengo mucha hambre, no como **hamburguesa**.

(b) Aunque tengo mucha hambre, no como **hamburguesas**.

(a)と(b)の違いは名詞 hamburguesa の数です．単数形にするのと複数形にするのとどちらがよいでしょうか．正解は(b)の複数形です．これは hamburguesa が可算名詞であるという理由によります．可算名詞は動詞が否定されている場合は直接補語の位置では複数形で使われる傾向にあります．これは数詞 cero が複数名詞を要求することとも関連している現象と言えるでしょう.「ディクテで私は間違いがゼロだった」は cero **falta** ではなく cero **faltas** となり，次のように言います.

He tenido **cero faltas** en el dictado.

2. lo +形容詞句・形容詞節

〈es + 形容詞・名詞 + 不定詞句・名詞節〉の構文と意味的に類似した構文として,〈lo + 形容詞句・形容詞節 + es ～〉の構文があります.「～なのは～することです」の日本語に対応する構文です. lo は中性の定冠詞で形容詞とともに使われて「～のこと」という意味を表します.

〈lo + 形容詞〉 ：**Lo importante** es... (大事なことは...です)

〈lo + 形容詞節〉：**Lo que quiero** es... (私の望むことは...です)

es 以下には名詞句の他に不定詞句か名詞節がきます.

Lo importante es **tomar alguna medida para descontaminar Santiago.** [不定詞句]

Lo importante es **que el Gobierno tome alguna medida para descontaminar Santiago.** [名詞節]

es 以下が名詞節の場合, 直説法・接続法の選択は〈lo + 形容詞句・形容詞節〉の意味に依存します.

Lo que quiero es **que me acompañes.** (Lo que quiero が接続法を要求)

コラム 可算名詞から不可算名詞へ

可算名詞は常に可算名詞として使われるわけではありません. 同様に, 不可算名詞が常に不可算名詞として用いられるわけでもありません. たとえば名詞 avión は「飛行機」の意味では可算名詞です. 滑走路にある飛行機を見ながら,

Hay un avión / dos aviones / tres aviones...en la pista de aterrizaje.
(滑走路に飛行機が1機/2機/3機...ある)

と言うことができますが,

× Hay avión en la pista de aterrizaje.

と言うことはできません. なぜなら, ここでは飛行機は可算名詞として使われているので, 無冠詞で使うことはできないからです. ところが ¿Hay avión? (飛行機はありますか?) と言うことができます. これは「飛行機の運航」に言及している場合で, ここでは avión は可算名詞ではなく, 不可算名詞として使われています. 不可算名詞は無冠詞のまま直接補語として使うことができます.

構文35 Lo importante es＋不定詞句

大事なのはタバコが健康を損なうことを喫煙者に納得させることです.

ヒント 大事なのは～することです Lo importante es + 不定詞　喫煙者 el fumador, la fumadora　～を誰かに納得させる convencer a alguien de ～

解説

▶不定詞の主語を特定しないときは〈lo + 形容詞 + es + 不定詞句〉の構文を使います. lo に続く形容詞には más などの程度の副詞をつけることができます.

lo **más** importante　（もっとも大事なこと）

lo **menos** importante　（もっとも大事でないこと）

▶この構文は〈es + 形容詞・名詞 + 不定詞句〉の構文に書き換えることができますが, ニュアンスは異なってきます. 解答例を書き換えると次のようになります.

Es importante convencer a los fumadores…

解答例

Lo importante es convencer a los fumadores de que el tabaco perjudica la salud.

練習問題

1）花粉症（la polinosis）の人にとっては, 花粉（el polen）との接触を断つことが基本です.

2）ゴミの発生自体を減らす「循環型社会」(la sociedad de reciclaje）を作ることが急務である.

3）緊急時に（en caso de urgencia）大事なことは落ち着きを失わないことです.

構文 36　Lo malo es que＋直説法

あいにく市は放置自転車問題に対してまだ解決策を見い出していない．

ヒント あいにく～です Lo malo es que + 直説法　放置自転車問題 el problema de las bicicletas abandonadas　～に対する解決策を見い出す encontrar solución a ～

解説

▶「誰が～する」のように，動詞の主語を特定する場合には，〈lo + 形容詞 + es que～〉の構文を使います．que に導かれる名詞節の内容が事実を示す場合は直説法を使い，まだ現実化していない場合は接続法を使います．

Lo malo es que la tasa de natalidad ha disminuido.
（悪いことに出生率は減少した）（実際に「出生率は減少した」→直説法）

Lo importante es que todos se pongan de acuerdo.
（大事なことは皆が合意するということです）（まだ「合意していない」→接続法)

解答例

Lo malo es que el ayuntamiento no **ha encontrado** todavía solución al problema de las bicicletas abandonadas.

練習問題

1）国が長期の失業者（el desempleado de largo tiempo）のために何らかの対策（las medidas）を講じることが急がれる．（Lo urgente es que ～）

2）悪いことに観光収入（los ingresos）は観光施設（las instalaciones）の改善にはあてられていない．（Lo malo es que ～）

3）はっきりしているのはこのプロジェクトは良い方向に進んでいないということです．（Lo cierto es que ～）

3. 与格構文

構文37 Me gusta + 不定詞句

私は政治家が参加するテレビ討論を見るのが好きです.

ヒント 政治家 el político, la política　～に参加する participar en ～　～するのが好きである gustar（a alguien）+ 不定詞句

解説

▶〈与格代名詞 + 自動詞 + 不定詞句〉の構文です. 不定詞句が文法上の主語になります. 代表的な動詞は gustar です. この動詞は主語が後置され（→ 構文3）, 主語の部分に名詞句・不定詞句・名詞節を使うことができます.

Me gusta **el deporte.**（私はスポーツが好きだ）

Me gusta mucho **jugar al tenis.**（私はテニスするのが大好きだ）

Me gusta **que mis hijos viajen por el mundo.**
（私は息子たちが世界を旅行するのが嬉しい）

▶この構文をとる動詞: agradar（～が嬉しい）, doler（～がつらい）, urgir（～が急がれる）

解答例

Me gusta mucho **ver** programas de la tele en los que participan los políticos.

練習問題

1）私は飛行機に乗る（viajar en avión）のがあまり好きではありません.

2）彼女は至急この翻訳を仕上げる必要がある.（urgir）

3）私は君たちと一緒にテニスをするのが楽しい.（agradar）

38 構文 38

構文38 Me conviene que ＋ 接続法

君がついて来てくれないほうが，僕には好都合だ．

ヒント ～について来る venir con alguien, acompañar a alguien　好都合である→都合がよい convenir a alguien

---

解説

▶〈与格代名詞 + 自動詞 + que + 接続法〉の構文です．que 以下の名詞節が主語になります．解答例では que no vengas conmigo が動詞 conviene の文法上の主語で，me が与格代名詞です．

▶この構文で接続法とる表現：Me conviene que ～（～は私には好都合です），Me importa que ～（～は私には迷惑です），Me gusta que ～（～を私は好みます），Me hace falta que ～（～が私には必要です）

▶与格代名詞なしで使える動詞もあります．

Conviene que no digas nada en la reunión.
（君が会議で何も言わないほうが都合がよい）

▶この構文で直説法を要求する表現（否定文では接続法になります）：Me consta que ～（～は明らかである）

Me consta que él **quiere** viajar con nosotros.

No me consta que él **quiera** viajar con nosotros.

解答例

1. **Me conviene que** no **vengas** conmigo.
2. **Me conviene que** no me **acompañes**.

練習問題

1）父は会社に私たちが電話をかけるのを嫌がる．

2）誰にとっても世界が平和であるほうがよい．（conviene que ～）

3）彼女がよい給料を稼いでいることは私にはわかっています．

4. 対格構文

構文39 Me alegra＋不定詞句

あなた方と勝利の瞬間を分かち合うことができて嬉しい.

ヒント 勝利の瞬間 el momento de la victoria　～を分かち合う compartir

解説

▶〈対格代名詞 + 他動詞 + 不定詞句〉の構文で，不定詞句が文法上の主語になります．この構文をとる他動詞 alegrar の用法は次のようになります．（太字の部分が主語）

Me alegra **esta noticia.**　〈対・代 + alegrar + 名詞句〉
Me alegra **saber que estás bien.**　〈対・代 + alegrar + 不定詞句〉
Me alegra **que estés aquí.**　〈対・代 + alegrar + 名詞節〉

再帰動詞 alegrarse は次のように使います．

Me alegro de esta noticia/**de** saber que estás bien/**de** que estés aquí.

つまり，他動詞として対格構文をとる場合と，再帰動詞として使われる場合があります．再帰動詞の場合は前置詞補語を従えます．

▶この構文をとる動詞：alegrar（喜ばせる），asustar（怖がらせる），cansar（飽きさせる）

解答例

Me alegra compartir el momento de la victoria con ustedes.

練習問題

1）いつもパンばかり食べるのは飽き飽きです．（cansar）
2）マチュピチュに行けるので私はとても嬉しい．（alegrar）
3）私の娘は暗がり（la oscuridad）を怖がる．（asustar）

構文40 Me preocupa que＋接続法

私は今後このような想定外の事故が増えてくることが心配です.

ヒント 今後 de hoy en adelante, en el futuro　想定外の事故 accidente imprevisible
私は〜が心配です → 〜が私を心配させる Me preocupa que 〜

解説

▶〈対格代名詞 + 他動詞 + que + 接続法〉の構文です. que 以下の名詞節が文法上の主語になります.

▶ preocupar は他動詞ですので, 〈Me preocupa que + 接続法〉で「〜が私を心配させる」という意味になります. そして, 心配をしている人が対格代名詞 me で示されています.

▶同じ構文をとる他動詞:〈Me alegra que + 接続法〉(〜が私を喜ばせる), 〈Me sorprende que + 接続法〉(〜が私を驚かせる), 〈Me extraña que + 接続法〉(〜が私に不思議な感じを抱かせる)

▶この構文をとる他動詞の多くは再帰動詞としても使われます:
preocuparse de/por 〜 (〜を心配する), alegrarse de 〜 (〜を喜ぶ), sorprenderse de 〜 (〜に驚く), extrañarse de 〜 (〜を変だと思う)

解答例

Me preocupa que aumenten en el futuro este tipo de accidentes imprevisibles.

練習問題

1) 君のマンションの家賃 (el alquiler) が高いのには僕は驚かされた. (sorprender)

2) 私は父がタバコをやめてくれて嬉しい. (alegrar)

3) 私は企業のリストラ (la reestructuración) で失業者が増えるのが心配です.

第4章
関係節

形容詞・形容詞句・関係節

形容詞の主な機能は「名詞を修飾する」ことです．この機能を果たすことができるのは，スペイン語では形容詞と形容詞句と関係節（形容詞節）です．これらを簡単に定義すると次のようになります．

形容詞：名詞を修飾する語．

形容詞句：形容詞の働きをする句で，〈前置詞＋名詞句〉で構成される．

関係節（形容詞節）：形容詞の働きをする節で，関係詞によって導入される．

次の例でこの三つの概念を理解してください．

(1) un coche **grande**
(**大きな**車)［形容詞 = grande］

(2) el coche **de mi padre**
(**私の父の**車)［形容詞句 = de mi padre］

(3) el coche **que te compraste el mes pasado**
(**先月君が買った**車)［関係節 = que te compraste el mes pasado］

さて，どのような場合に形容詞・形容詞句・関係節を使い分けるのでしょうか．これは名詞をどのように修飾するかという点に関係してきます．「大きい」「小さい」のように一つの形容詞で名詞を修飾することができれば，形容詞句も関係節も使う必要がありません．上の例を見てください．⑴では「大きな」を意味する形容詞 grande が名詞 coche についています．しかし「**私の父の車**」とか「**先月君が買った車**」と言いたいときは，「私の父の」という形容詞も，「先月君が買った」という形容詞もスペイン語にはありません．そこで⑵では形容詞句 de mi padre が，⑶では関係節 que te compraste el mes pasado が必要になってくるわけです．⑵と⑶の違いは動詞の有無です．⑵には動詞はありませんが，⑶には動詞 te compraste があります．以上のことから，形容詞句と関係節は「単独の形容詞では表すことのできない内容を表す場合に使う」ということがおわかりになると思います．関係節には動詞がありますから，形容詞句よりももっと複雑な内容を表すことができます．

形容詞の主な機能は「名詞を修飾する」ことですから，関係節は「名詞を修飾する節」であると言えます．次に関係節に関する基本事項を確認しておきましょう．

関係詞：文に形容詞としての資格を与えて名詞と結合させる語．
⑶では que が関係詞です．
関係節（または形容詞節）：関係詞に導入される節．
⑶では que te compraste el mes pasado が関係節です．
先行詞：関係詞が修飾する名詞．⑶では el coche が先行詞です．

関係詞の３用法

関係詞には次の三つの用法があります．

a）**限定用法**：先行詞を限定的に修飾する用法で，カンマ（,）は不要です．この場合関係節がなければ文の情報は不完全なものとなります．

El ordenador **que no funciona** no sirve para nada.
（**故障している**コンピューターは何の役にも立たない）

b）**説明用法**：先行詞に補足的説明を加える用法で，カンマ（,）が必要です．

El ordenador, **que no funcionaba**, no servía para nada.
（そのコンピューターは**故障していて**，何の役にも立たなかった）

c）**独立用法**：関係詞が先行詞を含む場合.

Los que llegaron tarde no pudieron ver el partido.
（**遅れて来た人たち**は試合を観戦することができなかった）

関係詞と前置詞

関係詞の前に前置詞が置かれることがありますが，なぜ前置詞が使われるのか，その状況を確認しておきましょう．次の例を見てください．

Pedro expresa su opinión, **con** la que no estoy de acuerdo.
（ペドロが意見を述べたが，私はそれに賛成ではない）

先行詞 su opinión が女性単数名詞なので関係詞 el que の女性単数形 la que が使われています．そして関係詞 la que の前に前置詞 con が使われています．この前置詞は関係節内の動詞句 estoy de acuerdo が要求する前置詞です．このことは con la que の部分を〈con + 先行詞〉，つまり con su opinión で置き換えて関係節を次のように書き直してみるとはっきりします．

No estoy de acuerdo **con** *su opinión*.
（私は彼の意見に賛成ではない）

「関係詞につく前置詞は，関係節の中の要素に要求されている」ということを是非覚えてください．

関係詞の種類

関係詞は関係節の中における関係詞の機能から，関係代名詞・関係形容詞・関係副詞に分類されます．主な関係詞は以下の通りです．

関係代名詞　que, el que, el cual, quien
関係形容詞　cuyo
関係副詞　donde, cuando, como

関係節と法

関係節で法の選択が問題になるのは限定用法の場合です．先行詞の内容が特定されているときは直説法を，特定されていない場合と先行詞が否定されているときは接続法を使います．具体例を挙げますので使い方を確認してください．

Tengo **un hermano que vive** en México.
（メキシコに**住んでいる兄弟**がいます）
［先行詞が特定→直説法］

Estoy buscando **un piso que tenga** tres dormitorios.
（三つ寝室**があるマンション**を探している）
［先行詞が不特定→接続法］

No tengo **ningún hermano que viva** en México.
（メキシコに住んでいる兄弟は一人もいません）
［先行詞が否定 → 接続法］

1. 関係詞 que

スペイン語で最も使用頻度の高い関係詞です．人・物・事柄を表す名詞を先行詞としてとることができます．スペイン語で関係代名詞の選択に迷った場合には，まず que が使えるかどうかを確認してください．que が使えない場合に他の関係詞の可能性を検討するとよいと思います．

先行詞を受ける関係詞が関係節の中でどの文の要素（主語・直接補語・間接補語など）にあたるかを意識してください．確認の方法としては先行詞を関係節に埋め込んでみるとわかります．次の例を見てください．

(1) el libro que está en la mesa　　（机の上にある本）
→ El libro［主語］está en la mesa.

(2) el libro que lees　　（君が読んでいる本）
→ Lees el libro［直接補語］.

(3) el joven que aprende a nadar　　（水泳を習っている若者）
→ El joven［主語］aprende a nadar.

(4) el joven que esperamos　　（私たちが待っている若者）
→ Esperamos **al** joven［直接補語］.　（a に注意）

先行詞を関係節に戻すと，右の文になるわけです．以上の例からわかるように，関係詞が主語もしくは直接補語の働きをする場合には que を使うことができます．また人が先行詞のときに前置詞が使われることはありません．(4)の例からもわかるように，直接補語が特定の人を示す場合につく a も，que の前では不要になります．(4)の例は el que や quien を使うと，

(5) el joven **al** que esperamos

(6) el joven **a** quien esperamos

となって前置詞 a が必要ですので気をつけてください．

関係詞 que の前に現われることができる前置詞は a, de, con, en だけで，しかも限定用法にかぎられます．この場合は先行詞は関係節内で副詞的な機能を果たしています．次の例を見てください．

la **solemnidad** *con que* se celebran los actos protocolarios
（儀礼的な式典が行われる際の**厳粛**さ）

構文 41 先行詞＋que＋直説法

交通渋滞は大都市のドライバーが抱えている大きな問題です.

ヒント 交通渋滞 el atasco（de circulación）, la congestión de tráfico, el embotellamiento　ドライバー el/la automovilista

解説

▶関係節が先行詞 el principal problema を限定的に修飾する構文です. 先行詞の内容が現実の「問題」ですので, 関係節の動詞は直説法にします. 関係詞 que は関係節内で主語または直接補語の働きをします. 解答例の que は関係節内で直接補語の働きをしています.（Los automovilistas padecen **el problema**.）

▶関係節内で動詞 padecen が主語より前に来ていますが, これは主語が長いということと, 動詞で終わる文を避けるという理由によります.

解答例

Los atascos de circulación son **el principal problema que padecen** los automovilistas de las grandes ciudades.

練習問題

1）夏休み（las vacaciones de verano）になり, 海外旅行に出発する旅行者で成田空港はにぎわっている.

2）航空会社（la compañía de transporte aéreo）は機内でできるリラックス体操（los ejercicios de relajación）の動画を作った.

3）Y社は昨日400－500人にかかわる（afectar a ～）人員削減（la reducción de plantilla）を発表した.

構文 42 先行詞＋que＋接続法

政府は両国間の深刻な貿易不均衡を是正する措置を見い出さねばならない.

ヒント ～することを余儀なくされている verse/estar obligado a＋不定詞　貿易不均衡 el desequilibrio comercial　不均衡を是正する reducir el desequilibrio　措置 la medida

---

解説

▶〈先行詞＋関係詞＋接続法〉の構文です. 先行詞の内容が特定されていない場合に接続法を使います. また接続法は限定用法の場合にだけしか使えません.

▶課題文では「貿易不均衡を是正する**ような**措置」という意味で, 先行詞の内容が特定されていないので, 接続法を使います.

解答例

El gobierno está obligado a encontrar **medidas que reduzcan** el serio desequilibrio comercial entre ambos países.

練習問題

1）大都市における交通渋滞の解決策は見つからないだろう.

2）副作用（el efecto secundario）のない薬を処方する（recetar）ことが必要です.

3）国民の疑惑を招き（levantar sospechas）かねない大規模なパーティー（la fiesta de gran concurrencia）の開催を議員は自粛（abstenerse de）すべきである.

構文43 否定された先行詞＋関係詞＋接続法

農水省によると，先進国で食料自給率目標を定めている国はない．

ヒント ～によると según ～　農水省 = 農林水産省 el Ministerio de Agricultura, Silvicultura y Pesca　先進国 los países desarrollados　食料自給率 la tasa［el índice］de autosuficiencia alimentaria

---

解説

▶〈否定された先行詞 + 関係詞 + 接続法〉の構文です．先行詞の内容が否定されている場合も，関係節の動詞は接続法になります．先行詞が否定されているということは，その内容が特定されていないということになりますので，接続法を使うわけです．

▶「目標」はここでは「目標となる数字」と考えて la cifra meta と訳しておきました．

▶関係節を使わずに ...ninguno de los países desarrollados ha establecido la cifra meta... と訳すこともできます．

解答例

Según el Ministerio de Agricultura, Silvicultura y Pesca, no hay **ningún país desarrollado que haya establecido** la cifra meta de la tasa de autosuficiencia alimentaria.

練習問題

1）都心にあって家賃（el alquiler）が安くて広いマンションは一つもないと私は思います．

2）大きくなったら批評家になりたいなんていう子供を僕は知らない．

3）この時間には博多行きの電車は一本もありません．

2. 関係詞 el que

el que は先行詞の性・数に応じて形が変わります．つまり，el que, los que, la que, las que と中性形の lo que の五つの形があります．先行詞として人や事物を表す名詞や，文（lo que を使う）をとることができます．que の場合のように使用する前置詞の種類に制限はありませんが，限定用法の場合は必ず前置詞が必要です．説明用法の場合は前置詞の有無は選択的です．また独立用法でよく使われる関係詞です．

コラム 分類形容詞の位置

スペイン語には「～の」「～に関する」という〈de + 名詞〉に近い意味を示す分類形容詞（adjetivos relacionales）と呼ばれる形容詞があります．

たとえば，

una política **económica**　（ある**経済**政策）
la crisis **financiera**　（**財政**危機）
cambios **climáticos**　（**気候**の変化）
el vino **español**　（**スペイン**ワイン）

の económica（経済に関する），financiera（財政の），climáticos（気候の），español（スペインの）は分類形容詞です．

このタイプの形容詞は名詞の特徴を示す品質形容詞（adjetivos calificativos）とは異なる文法的特徴を示します．たとえば語順です．品質形容詞は名詞の前で使われることがありますが（un **excelente** vino「**すばらしい**ワイン」），分類形容詞は常に名詞の直後にきて，名詞との間に他の語句を置くことができません．したがって una política económica conservadora（保守的な経済政策）は可能ですが，una política conservadora económica と言うことはできません（conservadora は品質形容詞）．〈名詞 + 分類形容詞〉は強固なまとまりを形成するわけです．

構文 44 関係詞 el que の限定用法

観光客が乗っている豪華バスはドイツ製です.

ヒント 観光客 el/la turista　乗っている viajar　豪華バス el autocar de lujo
ドイツ製の alemán

解説

▶関係詞 el que の限定用法の構文です. この関係詞は, 前置詞がある場合だけ先行詞を限定的に修飾する（限定用法）ことができます.

▶課題文にとりかかる前に「観光客は豪華バスに乗っている」を訳してみましょう.

Los turistas viajan en un **autocar de lujo**.

次に, この文の太字の部分を取り出して「観光客が乗っている豪華バス」とすると,

el autocar de lujo **en el que** viajan los turistas

となり, これが解答例の主語になるわけです. el autocar が先行詞ですので el que を使います. en el que の前置詞 en は viajan **en** un autocar の en です.

▶関係詞 el que は先行詞と性・数一致をしますので, 先行詞が何であるのかを明確に指示することができます.

解答例

El autocar de lujo en el que viajan los turistas es alemán.

練習問題

1）政府はデング熱（el dengue）の予防策（medidas preventivas）を話し合う会議を緊急に開く.

2）私は話しに聞いていたプラド美術館を昨日ついに訪れた.

3）これが犯行（el crimen）に使われたピストル（la pistola）です.

構文 45 関係詞 el que の説明用法

私は車を買うのに300万円つぎこんだが，そのことを今はとても後悔している．

ヒント ～にお金をつぎこむ→～にお金を投資する invertir dinero en ～　～を後悔している estar arrepentido de ～

解説

▶ el que の説明用法の構文です．解答例は，先行する文全体を受ける中性の関係詞 lo que の構文です．He invertido...el coche を lo que が受けています．

▶前置詞 de が使われていますが，これは関係節の estoy muy arrepentido de ～（～を大いに悔やむ）の de です．

▶説明用法ですので文を二つにして，

He invertido tres millones de yenes en comprarme el coche. Ahora estoy muy arrepentido **de ello**.

と訳すこともできますが，関係節にしたほうが文の流れがすっきりします．解答例では，上の文の de ello が de lo que となって，前の文に続いているわけです．

解答例

He invertido tres millones de yenes en comprarme el coche, **de lo que** ahora estoy muy arrepentido.

練習問題

1）ビルの中で爆発音（la explosión）がして，ビルから煙が噴き出して（salir）きた．

2）リカルドはびん（el frasco）を開けて，錠剤（la píldora）を何錠か取り出した．

3）テレサは選抜試験に合格して，両親を喜ばせた．

構文46 関係詞 el que の独立用法

経済危機について君の言うことが僕はよくわかりません.

ヒント 経済危機 la crisis económica　君の言うこと lo que dices

解説

▶ el que の独立用法です．中性形の lo que は「～すること・もの」という日本語に相当する内容を示しますので，que 以下にくる動詞によって意味が変わります．次の例を見てください．

lo que comemos （私たちが食べるもの）
lo que ocurrió en el siglo pasado （前世紀に起こったこと）
lo que no sabemos （私たちが知らないこと）

一方，el que, los que, la que, las que は文脈によって人も物も指すことができます．libro（本）のことが話題になっているときに，el que lees と言えば「君が読んでいる本」ということになりますし，tenista（テニスの選手）のことが話題になっているときに，el［la］que juega mejor と言えば「一番上手にプレーするテニス選手」ということになります．

解答例

No entiendo bien **lo que dices** sobre la crisis económica.

練習問題

1）国内で生産できるものは，輸入しないほうがよい．
2）適度な運動（ejercicio moderado）を定期的に（periódicamente）行う人は，高血圧（hipertensión）になりにくい．
3）社長（el director general）の発言に社員は驚いた．

3. 関係詞 el cual

構文47 関係詞 el cual

チリには約1800の火山があり，そのうち28が活火山である.

ヒント 火山 el volcán　　活火山 el volcán activo / en actividad

解説

▶ el cual は先行詞の性・数に応じて形が変わります．el cual, los cuales, la cual, las cuales と中性形の lo cual があります．基本的な使い方は el que と同じですが，el cual は主に書き言葉で使われ，説明用法でよく用いられます．el cual は先行詞に数字が含まれていて，「そのうちの～」というような場合によく使われます．

▶ 課題文を二つの文に分けてみると，次のように訳せます．

Chile tiene 1800 volcanes. 28 de **los 1800 volcanes** están activos.

解答例では，上の文の太字の語句が los cuales によって置換されています．

▶ el cual は独立用法では使えませんので，次のように言うことはできません．

× No entiendo bien **lo cual** dices.

× **Los cuales** vinieron fueron bien recibidos.

解答例

Chile tiene unos 1800 volcanes, **de los cuales 28 están activos**.

練習問題

1) やせる（adelgazar）ためのたくさんの方法が話題になっているが，そのうちいくつかは私は医師として勧められない.

2) 製鉄所（la fábrica siderúrgica）でガス漏れ（el escape de gas）事故が起き，社員ら16人が病院に運ばれ，うち2人が意識不明の状態だ.

3) 都心にある森が深夜に（a altas horas de la noche）冷気を吹きだして，その冷気が周囲の温度を下げている.

4. 関係詞 quien

構文48 No hay quien + 接続法

彼に南米大陸縦断旅行を断念させる人は誰もいない.

ヒント 南米大陸縦断旅行 → 南米大陸全域を旅する viajar por todo el continente de América del Sur
誰かが〜するのを断念させる disuadir a alguien de + 不定詞句
〜する人は誰もいない No hay quien + 接続法, No hay nadie que + 接続法

解説

▶関係代名詞 quien は先行詞に人を示す名詞だけをとります.

Me lo dijo **una chica** a quien usted conoce bien.

▶quien は限定用法・説明用法・独立用法のいずれでも使うことができますが, 重要な用法の一つは独立用法で, 〈Hay quien(es) + 直説法〉(〜する人がいる), 〈No hay quien + 接続法〉(〜するような人はいない) という構文でよく使われます. 否定文になると関係節の動詞が接続法になります.

Hay quienes dicen que no hay que hacer hoy lo que se puede hacer mañana.
(明日できることは今日はしなくてもよいと**主張する人がいる**)

No hay quien pueda escapar a la contaminación atmosférica.
(大気汚染から逃れ**られる人は誰もいません**)

解答例

No hay quien lo **pueda** disuadir de viajar por todo el continente de América del Sur.

練習問題

1) 我が国の経済は破産寸前 (estar al borde de la quiebra) だと考えている人がいる.

2) 彼をだませる (engañar) 人は誰もいません.

3) その評論家の言うことを理解する人はだれもいないだろう.

5. 関係副詞 donde

構文49 関係副詞 donde

脂肪を多くとっている国で乳ガンが多いと言われている.

ヒント ～の国々 los países donde ～　　乳ガン el cáncer de mama
～と言われている se dice que ～

解説

▶場所を示す関係副詞 donde を使うことができます.

▶「脂肪をとる」の主語は明示されていないので se consume grasa と再帰受身（→構文126）で訳します.「～言われている」も主語が明示されていませんので se dice que ～と訳します.

▶「乳ガンが多い」は muchos **casos** de cáncer de mama と casos を補って訳したほうが意味がはっきりします.

解答例

Se dice que se registran muchos casos de cáncer de mama en **los países donde se consume** mayor cantidad de grasa.

練習問題

1）いわきは放射能汚染地域（zona afectada por la contaminación radiactiva）からの避難者（refugiados）が多く暮らしている町です.

2）信号（semáforo）のない通りを横断していたときに彼は車にはねられた.

3）日本人が集まるレストラン江戸は都心にある.

6. 強調構文

「～（した・である）のは～である」のように文中のある要素を強調する構文を強調構文と呼ぶことにします．構文としては動詞 ser と関係詞によって特定の語句を強調するわけですが，どのような性質の語句を強調するかで，以下に挙げてあるように使用する関係詞が異なってきます．（太字の部分が強調されている語句）

人（quien, quienes, el［los, la, las］que）：Fui **yo** *quien* tomó la decisión.

物・事柄（el［los, la, las, lo］que）：**Las peras** son *las que* más se venden.

時（cuando）：**Mañana** es *cuando* quieren reunirse.

場所（donde）：**Aquí** es *donde* se produjo el accidente.

様態（como）：**Nadando** fue *como* cruzó el río.

なお，el cual と cuyo は強調構文で使うことはできません．

（1） Marta quiere comprarse un piso en la playa.
（マルタは海辺にマンションを買いたい）

という文を例にとりましょう．この文の下線部はそれぞれ次のように強調することができます．

a）Marta を強調する場合：

（2） Marta **es quien［la que］** quiere comprarse un piso.
（海辺にマンションを買いたいのはマルタです）

▶人（Marta）を強調しているので，関係詞 quien か la que（女性単数形）を使います．動詞 ser は Marta に一致します．

b）un piso en la playa を強調する場合：

（3） Un piso en la playa **es lo que** Marta quiere comprarse.
（マルタが買いたいのは海辺にあるマンションです）

▶物を強調する場合には el［los, la, las, lo］que ～ を使いますが，強調される名詞の性・数と一致した関係詞 el［los, la, las］que ～ を用いるか，あるいは中性形 lo que ～ を使うかは文脈によります．上の例は「マルタが海辺に買いたいものは」という文脈ですから，買いたいものがマンション以外の可能性がありますので中性形を使っています．ところが次の例のように買いたいものがマンションであれば，este piso に対応する男性単数形の el que を使うわけです．

(4) Este piso **es el que** Marta quiere comprarse.
（マルタが買いたいマンションはこのマンションです）

c）**en la playa を強調する場合**:

(5) En la playa **es donde** Marta quiere comprarse un piso.
（マルタがマンションを買いたい所は海辺です）

▶ en la playa が場所を表すので，donde を使います．動詞 ser はこの場合3人称単数形になります．

以上が文中の特定の語句を強調する場合の基本的な方法ですが，この強調構文では注意を要する文法事項がいくつかありますのでまとめておきます．

強調構文の注意点

▶動詞 ser は強調される語に一致します．たとえば **soy** yo, **eres** tú, **es** ella, **es** esta casa, **son** estos libros となるわけです．

▶名詞句以外のときや場所を表す語句を強調する場合は動詞 ser の活用は3人称単数形の活用になります．（→例文(5)）

▶ ser の時制は関係節の動詞と同じ時制か，直説法現在を使います．

▶関係節内の動詞は原則として関係詞と一致します（→例文(6)）が，強調される語句が1・2人称の代名詞（yo, tú, etc.）の場合には，関係詞（3人称の代名詞として扱う）ではなく，強調される語句と一致すること（→例文(7)）があります．

(6) Soy yo quien te **ha hecho** venir hoy aquí.

(7) Soy yo quien te **he hecho** venir hoy aquí.

▶語順:〈強調される語句 + ser + 関係節〉が一般的な語順ですが，〈ser + 強調される語句 + 関係節〉または〈関係節 + ser + 強調される語句〉の語順も可能です．大事な点は動詞 ser と通常強調される語を分離できない点です．(6)を例にとると Soy yo quien… と Yo soy quien… は可能ですが，Soy quien…, yo は不可能です．

▶中性形の lo que は中性語（esto, eso…）・不定詞句・文・無冠詞名詞・不定冠詞のついた名詞を強調するときに使います．

(8) Tomarme unos días de vacaciones es **lo que** quiero.
（私が望んでいるのは数日の休暇をとることです）

▶ser, estar などの連結動詞がとる属詞も lo que で強調します．

(9) Cansada es **lo que** está Marta.
（疲れているんですよ，マルタは）

構文 50　主語の強調

戦後の日本を復興させたのは現在70歳を過ぎた人々です.

ヒント 戦後の日本 el Japón de la posguerra　　復興させる levantar, restablecer
現在70歳を過ぎた人々 los que ahora tienen más de setenta años de edad

解説

▶人を強調する場合は ser と quien か el que を使います．物・事柄を示す語句の強調は ser と el que を使います．

▶まず「現在70歳を過ぎた人々」を ellos と考えて「彼らが戦後の日本を復興させた」を訳すと，

Ellos han levantado el Japón de la posguerra.

となります．この文の Ellos を強調する文を作ると，

Ellos son **los que**［**quienes**］han levantado…

となります．

▶「現在70歳を過ぎた人々」は関係節を使って los que ahora tienen más de setenta años de edad と訳すことができます．

解答例

Los que ahora tienen más de setenta años de edad son los que［**quienes**］han levantado el Japón de la posguerra.

練習問題

1）日本の多くの家庭では，家計を管理している（administrar la economía familiar）のは妻です．

2）ごぼう（“gobo”）を栽培して（cultivar）まで食べるのは日本人だけです．

3）故障しているのは私の車です．（estar averiado）

構文51 動詞の補語の強調

僕が今朝車を貸したのはラウラだ.

ヒント 誰かに車を貸す prestar un coche a alguien

解説

▶人を示す直接補語と間接補語の強調には関係節の前に前置詞 a が必要になります. 関係詞は el que または quien を使います.

Ayer vi **a María** en el cine. → **A María** es **a** la que [quien] vi ayer en el cine.（直接補語 a María を強調）

Le he prestado el coche **a Laura**. → **A Laura** es **a** la que [quien] le he prestado el coche.（間接補語 a Laura を強調）

▶前置詞補語を強調するときは, 前置詞補語の前置詞が関係節の前に必要です.

Me acuerdo mucho **de mi abuela**. → **De mi abuela** es **de** la que me acuerdo mucho.（前置詞補語 de mi abuela を強調）

▶解答例は次の文の間接補語 a Laura を強調した文です.

Le he prestado el coche **a Laura** esta mañana.

解答例

A Laura es a la que le he prestado el coche esta mañana.

練習問題

1）日本選抜チーム（la selección）が対戦し（jugar con）たい相手はキューバ選抜です.

2）私たちが話しをしたいのは市長（el alcalde）です.

3）僕に今必要なのは自由になる時間（tiempo libre）です.

構文 52 時の語句の強調

エル・グレコの絵を通して知ったトレドに初めて行ったのは，私が30歳のときでした．

ヒント エル・グレコの絵 los cuadros de El Greco　…を通して～を知る conocer ～ a través de…　30歳のとき a la edad de treinta años

解説

▶時の副詞句を強調する場合は ser と cuando を使います．

▶ser は cuando 節の動詞 fui と同じ点過去にします．

▶「30歳のとき」は a la edad de treinta años とするか，副詞節を使って cuando tenía treinta años とすることができます．

▶強調される語句が前置詞 desde, hasta で始まる場合は，関係詞 cuando の前に前置詞をつける必要があります．

Hasta el próximo mes de diciembre es **hasta cuando** me dan la beca.
（私が奨学金を貰えるのは今度の12月**まで**です）

▶トレドへ行く前に，エル・グレコの絵を通してトレドを知っていたわけですから，ここでは había conocido と過去完了にします．

解答例

1. **A la edad de treinta años fue cuando** fui por primera vez a Toledo, que había conocido a través de los cuadros de El Greco.
2. **Cuando tenía treinta años fue cuando** fui por primera vez [...] .

練習問題

1）地震（el terremoto）が起きたのは6日の金曜日の午後2時でした．

2）私の仕事の休みは火曜と水曜です．

3）日本とブラジルの試合があるのは明日です．

構文53 場所の語句の強調

アントニオとクリスティーナが結婚式を挙げたのは村の教会です.

ヒント 結婚式を挙げる celebrar la boda　村の教会 la iglesia del pueblo

解説

▶場所を示す副詞句を強調する場合は ser と donde を使います.

▶Antonio y Cristina celebraron la boda **en la iglesia del pueblo**. の太字の部分（場所を示す語句）が強調されています. スペイン語では強調される語句が長い場合, ser を後に置く傾向にあります. つまり,〈En la iglesia del pueblo **fue** donde...〉の語順のほうが一般的です.

▶場所を示す前置詞(句) sobre, encima de, bajo, debajo de, tras, ante などは関係詞 donde の前につける必要はありませんが a, de, por, para, hasta, desde はつけなければなりません. en はどちらでもかまいません.

Sobre el televisor es **donde** está la llave.（テレビの上に鍵があります）

A México es **a donde** voy.（私が行くのはメキシコです）

En Argentina es（**en**）**donde** viven mis padres.
（私の両親が住んでいるのはアルゼンチンです）

解答例

En la iglesia del pueblo fue（en）donde Antonio y Cristina celebraron la boda.

練習問題

1）私が暮らしてみたい国はメキシコです.

2）外国人の観光客が最も行きたがる所はマチュピチュの遺跡（las ruinas）です.

3）南半球（el hemisferio sur）でも北半球でも日が上るのは東からです.

構文 54 前置詞句の強調

君がやって来たのは僕にお金をせびるためだったのかい?

ヒント 誰かにお金をせびる pedir dinero a alguien

解説

▶時・場所・様態以外の意味を示す前置詞句を強調する構文は，前置詞と関係詞の中性形 lo que を使って表すことができます.

▶「君は僕にお金をせびりに来た」を訳すと,

Has venido **para pedirme dinero.**

となります. この文の para pedirme dinero の部分を強調する文にして，これを疑問文にすると解答例になります.

Para pedirme dinero es **para lo que** has venido.

▶前置詞 para の後に不定詞句 **pedir**me...がきていますので，中性形 lo que を使って para lo que ...とします. para の代わりに a を使うこともできます.

A pedirme dinero es **a lo que** has venido.

解答例

¿**Es para pedirme dinero para lo que** has venido?

練習問題

1）最近の金融界（los círculos financieros）の一番の話題は不良債権処理（la liquidación de deudas incobrables）の問題です.（es de lo que...）

2）私がしばしば思い出すのは楽しかったとき（los momentos felices）のことです.（acordarse de ～）

3）その子が罰を受けている（estar castigado）のはおしゃべりをしすぎたからです.（es por lo que...）

第 5 章

副詞節

副詞には様々な機能があります.

動詞を修飾	Habla **despacio**.
形容詞を修飾	una casa **muy** grande
他の副詞を修飾	Habla **muy** despacio.
文全体を修飾	**Lamentablemente** no puedo ir a la fiesta.

さて，副詞の働きをするのは，副詞の他に副詞句と副詞節があります.

副詞句：副詞の働きをする語句で，主に〈前置詞 + 名詞句〉で構成されるが，曜日や日付のように前置詞なしの場合（el domingo, el día 11）もある.

副詞節：副詞の働きをする節で，接続詞(句)によって導入される.

具体例を挙げましょう.

Pedro vendrá **mañana**.［副詞 = mañana］

上の文では，時を示す副詞 mañana が使われていますが，mañana の代わりに副詞句や副詞節を用いることもできます.

Pedro vendrá **por la madrugada**. ［副詞句 = por la madrugada］

Pedro vendrá **cuando deje de llover**. ［副詞節=cuando deje de llover］

1. 時を表す構文

時の概念を表す構文はたくさんあります．「〜したとき」「〜まで」「〜の間」などの時の概念は前置詞に導かれる副詞句(en diciembre) や接続詞(句)に導かれる副詞節を使って表すことができます．ここでは，時を示す表現のうち副詞句と接続詞に焦点をあてて見ていきます．

時の副詞節における法の選択

時を示す接続詞(句)に導かれる節では，直説法と接続法のいずれも使われます．**過去の事柄や習慣的なことを述べる場合には直説法**を，**未来の事柄を述べる場合には接続法**を用いる，というのが使い分けの原則です．例を見てみましょう．

(1) *Cuando* **salí** a la calle, era de noche. (過去)
(私が外に出**たとき**は，夜だった)

(2) Los niños siempre ven la tele *cuando* **comen**. (習慣)
(子供たちは食事**のとき**，いつもテレビを見る)

(3) ¿Qué quieres ser *cuando* **seas** mayor? (未来)
(大きく**なったら**君は何になりたい？)

(1)は過去のことを述べているので直説法（点過去）が，(2)は習慣的なことを述べているので直説法（現在）が使われています．(3)は未来の事柄を述べているので，接続法（現在）が使われています．つまり過去の事柄は事実ですし，習慣を述べるときは習慣的な事実を述べるわけですから直説法を使います．一方未来のことは，まだ起こっていないわけですから，事実（現実）にはなっていません．したがって接続法が用いられます．未来のことを述べる場合，時を示す接続詞(句)の後では直説法の未来時制（未来・過去未来など）は使うことができませんので注意してください．

名詞(句)を従えるか，不定詞を従えるか，あるいは文(節)がくるかに注意して時を示す語句を見て行きましょう．

構文55 cuando＋直説法

人前で話すとき，僕はとても緊張する.

ヒント 人前で話す hablar en público　　緊張する ponerse nervioso

解説

▶時を示す最も代表的な接続詞は cuando です．cuando は過去に起きた事柄や習慣的行為を述べるときは直説法の動詞をとり，「～したら」のようにまだ起きていない未来の事に言及するときは接続法をとります．課題文は習慣的な行為を述べていますので，直説法現在で訳します.

▶「人前で話す」は en público を使って hablar en público とします.「緊張する」はこの文脈では estar より ponerse を使ったほうがいいでしょう． estar nervioso は状態を示しますので「緊張している」という意味になります.

解答例

Me pongo muy nervioso **cuando hablo en público**.

練習問題

1）雨が降っているときは，私は車で職場へ行きます.

2）蒸し暑い（hace un calor bochornoso）ときはよく冷えたビールを飲むにかぎる.

3）彼はお金がなくなったら，いつも借金を頼める友人を見つけだす.

構文 56 cuando + 線過去

生徒をのせたバスが学校に向かっているときに事故は起きた.

ヒント 事故が起きる ocurrir el accidente

解説

▶ cuando の後には点過去・線過去・過去完了などの過去時制を使うことができます.

▶ 課題文を日本語の構文に即して訳すと, 関係代名詞を使って,

Cuando se dirigía a la escuela el autobús en el que viajaban los alumnos...

となりますが, 解答例のように「バスが生徒を学校へ運んでいるときに」とすると, 関係詞を使わずにすみます. 課題文の文脈ではバスはまだ学校に到着したわけではないので線過去を使います. 一方「事故は起きてしまった」ので点過去を使います. cuando で導入される節は, 主節の前にも後にもおくことができます. 解答例は次のように言うこともできます.

Cuando el autobús trasladaba a los alumnos a la escuela, ocurrió el accidente.

解答例

El accidente ocurrió **cuando el autobús trasladaba** a los alumnos a la escuela.

練習問題

1) 昼食の用意をしているときに電話が鳴った.
2) 両親は私が10歳のときに離婚しました (divorciarse).
3) 会社が倒産寸前 (al borde de la quiebra) のときに, 私は運良く新しい仕事をみつけた.

構文 57 cuando + 点過去

通行人に署名を頼んだら，キャンペーンの主旨に賛成ではないからと署名を断られた.

ヒント 通行人 el/la transeúnte　誰かに署名を頼む pedir a alguien su firma
キャンペーン la campaña　主旨 el objetivo　〜に賛成である estar de acuerdo con 〜

解説

▶課題文は過去のことを，すでに完了したこととして述べていますので〈cuando + 点過去〉で訳します．過去の事柄を述べる場合，完了した行為に言及する場合は点過去を，行為が完了していない場合は線過去を使います.

▶日本語の「〜したら」は cuando で訳せる場合があります.

▶「署名を断られた」は通行人が署名を断ったわけですから，主語は el transeúnte になります．ただ，すでに un transeúnte と出てきていますので me dijo とするだけで充分です.

解答例

Cuando pedí la firma a un transeúnte, me dijo que no quería firmar [se negó a dar su firma] porque no estaba de acuerdo con el objetivo de la campaña.

練習問題

1）電話が鳴ったとき，彼はソファー（el sofá）の上でうたた寝をしていた.
2）外に出ると，もう夜になっていた（era de noche）.
3）事故が起きたとき列車は満員でした.

構文58 cuando＋接続法

君が良くなったら，海を見に伊豆へ旅行に行こう．

ヒント 良くなる estar bien　～へ旅行に行く hacer un viaje a ～

解説

▶現実に起こっていないこと，つまり未来のことを述べる場合には〈cuando ＋ 接続法〉の構文を使います．日本語の「～したら」はこの構文で訳すことができます．cuando は頻度の高い接続詞ですので，様々な使い方を是非覚えてください．

▶「良くなったら」は日本語の「なる」にこだわらずに estar bien を使って，cuando estés mejor と訳せばよいでしょう．

解答例

Cuando estés mejor, vamos a hacer un viaje a Izu a ver el mar.

練習問題

1）部長（el director）が戻りましたら，（あなたが）面会を求めてらっしゃるとお伝えします．

2）宿題を終わらせたら（←宿題を済せてしまったとき），君はテレビを見てもいいよ．

3）大きくなったら君は何になりたい？（子供に向かって）

構文59 al＋不定詞句

その飛行機は空港に着陸するときに機体が二つに割れた.

ヒント 空港 el aeropuerto　着陸する aterrizar, tomar tierra
二つに割れる partirse en dos

解説

▶〈al + 不定詞句〉は使用頻度の高い言い回しです.「二つの行為の同時性」(〜しているとき〜した/〜が起きた) や「ある行為の直後の行為」(〜するとき〜した) を表すときに使うことができます.

▶口語では不定詞の直後にその主語を置くことができます.

Al llegar **su amo**, el perro dejó de ladrar.
(**飼い主が**やってくると, その犬はほえるのをやめた)

▶el avión se partió en dos で機体が二つに割れたことがわかりますので, あえて「機体」を意味する el fuselaje を使う必要はないでしょう.

解答例

El avión se partió en dos **al aterrizar** en el aeropuerto.

練習問題

1) 私たちが教会の前を通りかかったとき, 教会から出てくる新郎新婦 (los novios) に出くわした.

2) 列車がトンネル (el túnel) を抜けると, 左手に太平洋 (el Océano Pacífico) が広がっていた.

3) 合格者リスト (la lista de los aprobados) に自分の番号を見つけたとき, 彼女は歓喜の声を上げた (dar un grito de alegría).

構文60 a la hora de＋名詞句・不定詞句

女性は男性に比べて仕事を探すとき不利な立場にある.

ヒント ～に比べて en comparación con ～, con respecto a ～　仕事を探す buscar trabajo　不利な立場にある encontrarse en desventaja

解説

▶「～のときに」を意味する a la hora de の後は不定詞か名詞句を使うことができます. 名詞を使う場合は〈定冠詞＋名詞〉の形で使われます: a la hora de la siesta（昼寝の時間に), a la hora del recreo（休み時間に), a la hora del almuerzo（昼食時に）

▶ cuando は口語で〈cuando＋名詞〉の形で「～のとき, ～の頃」という使い方があります.

Nos conocimos **cuando la guerra**.
（戦時中に私たちは知り合った）

Eso me pasó **cuando niño**.
（それは子供の頃に私に起こりました）

解答例

Las mujeres se encuentran en desventaja con respecto a los hombres **a la hora de buscar trabajo**.

練習問題

1）休憩（el descanso）時間に私はいつも日比谷公園を散歩する.

2）50歳以上の人は, 仕事を探すのが困難な状況にある.

3）DV（violencia doméstica）の問題の解決には慎重を期さなければならない.

構文 61 mientras＋直説法・接続法

列車が動き始めようとしたときになって，私は財布を家に忘れてきたことに気がついた.

ヒント（列車が）動き始める ponerse en marcha　財布 la cartera　～を家に置き忘れる dejarse ～ en casa　～に気がつく darse cuenta de ～

解説

▶ mientras は「～している時［間］に/～しながら」の意味で，主節の動詞が示す行為との同時性を表します．この接続詞も時の副詞節の原則に従って，過去の事柄や習慣的なことを述べる場合には直説法を，未来の事柄を述べる場合は接続法を使います．

▶ 接続法の動詞を使う場合は，「～するうちは」「～するかぎりは」という日本語に対応する意味を表し，条件の意味が生じます．次の例を見てください．

El gato no comerá el pescado **mientras estén** aquí estos dos perros.
（この2匹の犬がここに**いるうちは**，猫は魚を食べないでしょう）

解答例

Mientras el tren se ponía en marcha, me di cuenta de que me había dejado la cartera en casa.

練習問題

1）事故は飛行機が空港に着陸（tomar tierra）しようとしたときに起きた.

2）タバコに火をつけながら，喫煙は健康によくないとその詩人は言った.

3）大統領在職中に，この政治家は国の経済を立て直した（restablecer la economía）.

構文62 a medida que＋直説法・接続法

年をとるにつれて，月日のたつのが速くなるように思われる．

ヒント ～するにつれて a medida que + 直説法・接続法　年をとる hacerse mayor, cumplir años　月日が経つのが速くなる→時間が速く進む los años pasan［transcurren, corren］de prisa　～のように思われる parece que ～

解説

▶「～するにつれて」は a medida que ～ で訳せます．課題文は習慣的事実を述べているので，直説法を使います．

▶「月日が経つ」はいくつかの訳し方があります．解答例の言い方の他に「時間が経つ」ということですから el tiempo transcurre/pasa とも言えます．

▶同時性を示す他の表現としては al tiempo que があります．

En muchos países disminuye la natalidad paulatinamente **al tiempo que** baja la mortalidad.
（多くの国々で死亡率が低下するの**と同時に**，出生率も徐々に低下している）

解答例

A medida que uno se **va** haciendo mayor, parece que los años pasan［transcurren, corren］más de prisa.

練習問題

1）夏休みが終わりに近づくにつれて，学生たちは落ち着かなくなってくる．
2）年をとるにつれて人はより非積極的になる（sentirse menos activo）．
3）その企業は大きくなるにつれて，特徴（el carácter específico）がなくなっていった．

構文63 después de＋名詞句・不定詞句

ブエノスアイレスから30時間余りの長旅を終え，彼女は疲れ果てて成田空港に到着した.

ヒント 30時間余り treinta y tantas horas　～を終え → ～の後で después de, tras
疲れ果てて到着する llegar agotado

解説

▶「～した後で」は〈después de＋名詞句・不定詞句〉または〈después de que＋直説法・接続法〉の構文を使います．二つの動詞の主語が異なる場合には〈después de que＋直説法・接続法〉を使います．後者の場合，過去の事を述べる場合でも文体的な効果を出すために接続法を使うことがあります．

▶ después の前に時の副詞句を置くことができます：*inmediatamente* después de ～（～の直後に），*tres días* después de ～（～の3日後に）

▶課題文は，主節の動詞の主語（ella）も，長旅をした人も同じ人なので〈después de＋不定詞句〉を使いますが，完了した行為ですので不定詞の複合形（haber viajado）を使います．

解答例

Ella llegó agotada al aeropuerto de Narita **después de haber viajado** treinta y tantas horas desde Buenos Aires.

練習問題

1）銀行の襲撃犯（el atracador）たちは犯行の数時間後に警察によって逮捕（detener）された.

2）その婦人は1時間いろいろ試着した後で，結局何も買わなかった.

3）首相が衆議院（la Cámara de Representantes）の解散を決めた後に，ドルに対して円高（la apreciación del yen）が進んだ.

構文64 al poco de＋不定詞句

私の兄は大学を卒業してまもなくすると，外国へ行ってしまった.

ヒント 兄 el hermano mayor　大学を卒業する graduarse en la universidad, terminar la carrera universitaria　～してまもなく al［a］poco de＋不定詞　外国へ行ってしまう irse al extranjero

---

解説

▶〈al［a］poco de＋不定詞句〉は「～してまもなく」「～するとすぐに」の意味を表します.

▶〈a poco que＋接続法〉は「少し～すれば」という条件の意味を表す接続詞句になるので注意が必要です.

A poco que te muevas, se te romperá la silla.
（少し君が動くだけで，椅子はこわれてしまいます）

解答例

Al［A］poco de terminar la carrera universitaria, mi hermano mayor se fue al extranjero.

練習問題

1）商店街で火災が発生して（declararse un incendio）まもなくすると，数台の消防車（el coche de bomberos）がかけつけた.

2）試合が始まってしばらくして，夕立が降り出した（caer un chubasco）.

3）戦争が終わってまもなくすると，街角で遊ぶ子供たちの姿が見られるようになった.

構文65 nada más＋不定詞句

オフィスに着くとすぐに，私は急ぎの電話を何本かかけた.

ヒント 電話をかける llamar por teléfono, telefonear, hacer una llamada

解説

▶「〜するとすぐに」は〈nada más + 不定詞句〉か〈en cuanto/tan pronto como/apenas + 直説法・接続法〉の構文で訳すことができます.

▶課題文は，オフィスに着いたのも「私」，電話をかけたのも「私」で，主語が同じなので〈nada más + 不定詞句〉の構文にすると簡単に訳せます．他の接続詞句を使うと，次のように訳せます.

En cuanto［**Tan pronto como, Apenas**］llegué a la oficina, ...

▶「電話をかける」はいくつか言い方がありますが，「急ぎの電話を何本かかける」の場合は「電話」を名詞句にすると修飾語句をつけることができます．ここでは hacer una llamada を使って hice algunas llamadas urgentes とするとよいでしょう.

解答例

Nada más llegar a la oficina, hice algunas llamadas urgentes.

練習問題

1）電話を切る（colgar el teléfono）やいなや，彼は家を飛び出した.
（en cuanto + 直説法）

2）社長が入ってくるのを見るやいなや，彼はすばやく立ち上がって御辞儀をした（hacer una reverencia）.

3）夏休みが始まったらすぐに，彼は東京を離れるだろう.

構文66 antes de que + 接続法

あのような大惨事が起きる前に，会社は何らかの予防対策をとるべきだった．

ヒント 大惨事 la catástrofe　（事故が）起きる ocurrir, producirse　予防対策をとる tomar una medida preventiva

解説

▶「～する前に」は〈antes de + 名詞句・不定詞句〉もしくは〈antes de que + 接続法〉の構文で訳します．動詞の主語が主節の主語と異なる場合は後者の構文を使います．antes de que は，過去の事柄や習慣的な事を述べる場合でも必ず接続法が使われます．

▶ después と同様に，時の副詞句を antes の前に置くことができます：**poco** antes de ～（～の少し前に），**tres días** antes de ～（～の3日前に），**unas horas** antes del accidente（事故の数時間前に）

▶「対策をとるべきだった」は「対策をとっていなかったために大惨事が起こった」ことが前提になっていますので debía haber tomado... と deber の後に不定詞の複合形を使います．

解答例

La empresa debía haber tomado alguna medida preventiva **antes de que ocurriera** aquella catástrofe.

練習問題

1）旅行に出発する前に，彼女は報告書（el informe）を書き上げた．

2）その値段にびっくりした，だって値段を聞く前は200ユーロ位だと思っていたから．

3）労使交渉（las negociaciones laborales）が再開される前に，労働者たち（los trabajadores）はストに突入する（ir a la huelga）だろう．

構文 67 cada vez que＋直説法・接続法

電話がなるたびに，仕事を中断しなければならないのは煩わしい.

ヒント 電話がなる sonar el teléfono　～するたびに cada vez que ～　仕事を中断する interrumpir el trabajo　～するのは私には煩わしい Me molesta/fastidia + 不定詞句

解説

▶「～するたびに」は〈cada vez que + 直説法・接続法〉で訳すことができます. 直説法と接続法の使い分けの原則は，他の時を示す接続詞（句）と同じです. 課題文は習慣的な事柄を述べているので直説法で訳します.

▶「～するのは煩わしい」はいくつか訳が考えられますが，me molesta + 不定詞句か me fastidia + 不定詞句～とすればよいでしょう.

解答例

Me fastidia tener que interrumpir el trabajo **cada vez que suena** el teléfono.

練習問題

1）私は広島に行くたびに，いつも平和記念資料館（Museo Conmemorativo de la Paz）を訪れる.

2）目が覚めるたびに，その漂流者（náufrago）は自分はまだ生きているとぼんやり思っていた.

3）新宿に行くたびに，町の雰囲気が変わっているのに驚かされる.

構文 68　desde que ＋ 直説法・接続法

携帯電話が普及してから，公衆電話の数が目に見えて減少した.

ヒント 携帯電話 el（teléfono）móvil［スペイン］, el celular［中南米］　普及する difundirse　公衆電話 el teléfono público

---

解説

▶「～してから」「～以来」は〈desde + 名詞句〉もしくは〈desde que + 直説法・接続法〉で訳します. desde の後では不定詞句は使いませんので注意してください.

▶después de que の場合と同じく，過去の事を述べる場合に，文体的な効果を出すために接続法が使われることがあります.

▶「携帯電話」はスペインでは móvil，中南米では celular と言います.「目にみえて」は a ojos vistas という慣用句がありますが，notablemente で意味は伝わります.

解答例

Desde que se ha difundido el móvil, ha disminuido notablemente el número de teléfonos públicos.

練習問題

1）デジタルカメラ（la cámara digital）がはやり出して（ponerse de moda）から，普通のカメラがほとんど売れなくなった.

2）駅の南側に大型ショッピングセンター（gran centro comercial）が開店してから，北口に以前ほど人が集まらなくなった.

3）新型コロナウイルスパンデミック（la pandemia de COVID-19）が始まってから，私たちの生活スタイル（el monde de vivir）が完全に変わった.

構文 69 hasta que＋直説法・接続法

僕は20歳になるまで，両親に一人暮らしをさせてもらえない．

ヒント 20歳になる cumplir los veinte años　一人暮らしをする vivir solo

解説

▶hasta（～まで）は〈hasta + 名詞句・不定詞句〉または〈hasta que + 直説法・接続法〉の組み合わせで使われます．

▶直説法と接続法の使い分けは cuando と同じです．課題文は未来のことを述べているので，接続法を使います．

▶主節の動詞が否定されている場合（**no** me dejan），hasta que の後の動詞に虚辞の no と呼ばれるものがつきます．解答例の hasta que...no は「僕が20歳に**ならないうちは**」の「ならないうちは」という日本語に相当すると考えてください．

▶「させてもらえない」は〈dejar + 不定詞句〉を使って訳します．

解答例

Mis padres no me dejan vivir solo **hasta que** no **cumpla** los veinte años.

練習問題

1）両親は息子が仕事を見つけるまで結婚を許可しない．

2）熱が下がる（bajar la fiebre）まであなたは外出してはいけません．

3）彼女は法務大臣に任命されるまでは弁護士業を長年営んで（ejercer la abogacía）いた．

構文70 siempre que＋直説法・接続法

私は暇があるときはいつでも，山のきれいな空気を吸いに町を離れる.

ヒント 暇 el tiempo libre　～するときはいつでも siempre que ～　きれいな空気を吸う aspirar el aire puro　町を離れる salir de la ciudad

解説

▶「～するときはいつでも」は siempre que ～ で訳します．直説法を使う場合は時の概念が明確ですが，接続法を使うと「～するならばいつでも」という条件の意味に近くなり，文脈によって完全な条件文になりますので注意が必要です．

Los niños mayores de siete años pueden ir en el sillín trasero de las motos, **siempre que lleven** casco homologado.
（所定のヘルメットを**着用しているならば**，7歳以上の子供はバイクの後部座席に乗れる）

▶課題文は習慣的事実を述べていますので，直説法で訳します．

解答例

Siempre que tengo tiempo libre, salgo de la ciudad para aspirar el aire puro de la montaña.

練習問題

1）祖父は友人がやってくるといつでも将棋（el ajedrez japonés）をしようと誘う．

2）飛行機に乗らなければいけないときはいつも彼は緊張する．

3）困ったときはいつでも私に電話をかけてください．

2. 原因・理由を表す構文

原因を表すには，原因となる内容をスペイン語でどのような形で提示するかによって使用できる語句や構文が決定されます．基本的には名詞句・副詞句・副詞節の3通りの可能性があります．

原因となる語句を名詞句で述べられる場合は，それを文の主語にして原因を表します．

El mal tiempo nos *obligó* a suspender la excursión.
（**悪天候のため**，私たちは遠足を中止せざるをえなかった）

El terremoto del jueves 3 *provocó* 19 muertos y 200 heridos.
（3日の木曜日の**地震で**死者19名，負傷者200名が出た）

El intenso sol *ha deshecho* la nieve de las calles.
（**日射しが強いので**通りの雪が解けてしまった）

La crisis económica *ha apagado* la fiebre consumista de la mayoría de la población.
（**経済危機で**大半の国民の消費熱は冷めてしまった）

原因となる語句を文の主語にし，それにふさわしい動詞を選択します． 上の例では obligar, provocar, deshacer などが使われています．よく使われる動詞には「（何かを）引き起こす」の意味の provocar, causar がありますが，いずれにせよ日本文の意味によって適切な動詞を選択する必要があります．

原因となる要素を文の主語にしない場合は，前置詞や副詞句で原因や理由を表すことができます．最初の例文では原因となる語句 el mal tiempo は文の主語になっていますが，日本語に忠実に，

Tuvimos que suspender la excursión **debido al** mal tiempo.

と理由を示す副詞句 debido a で原因を表すことができます．どちらの構文を採用するかは，元の日本語の文体を考慮する必要があります．たとえば，

Como hizo mal tiempo, tuvimos que suspender la excursión.
（**天気が悪かったから**，私たちは遠足を中止しなければならなかった）

では，理由は副詞節で示され（太字部分），よりくだけた（口語的な）スペイン語になります．

71 構文 71

構文71 por＋名詞句

運転手の不注意でバスは木に衝突した.

ヒント ～に衝突する colisionar/chocar contra ～
運転手 el[la] conductor[tora], el chófer

解説

▶原因を名詞句で表せる場合は前置詞または前置詞句を使います.「運転手の不注意」は名詞句で表せますから. 原因を示す代表的な前置詞 por を使えます. また解答例2にあるように el descuido del conductor を主語にして訳すこともできます. por 以外の前置詞も文脈によっては原因を示すことができます.

Ante las dificultades financieras abandoné el proyecto.
（財政的な**苦境に直面して**私は計画を断念した）

▶por は falta, culpa などと結合して特定の理由を示します: por falta de ～（～が不足して）, por culpa de ～（～のせいで）

解答例

1. El autobús colisionó［chocó］ contra un árbol **por un descuido del conductor**.
2. **El descuido del conductor provocó** la colisión del autobús contra un árbol.

練習問題

1）資金不足（la falta de fondos）のため市長は新図書館の建設を断念せざるをえなかった.

2）警察当局（las autoridades policiales）は誘拐事件（el secuestro）の容疑者（el presunto autor）を証拠不十分（la falta de pruebas）で釈放した.

3）料金の値下げによって携帯電話の使用者が急増した.

構文72 a causa de ＋ 名詞句

インフレで消費者の購買力がなくなった.

ヒント インフレ la inflación　消費者 los consumidores　購買力 el poder adquisitivo

---

解説

▶〈a causa de + 名詞句〉は原因・理由を示す最も一般的な表現で，原因を名詞句で示すことができる場合に使うことができます．名詞句を従える表現は，他に a fuerza de, como/a consecuencia de, a base de, gracias a, a raíz de, en virtud de などがあります．例文でニュアンスの違いを把握してください．

El transporte aéreo quedó nuevamente paralizado **a consecuencia de** la huelga.（ストライキで空の便はふたたび麻痺してしまった）

A base de antitérmicos por fin me ha bajado la fiebre.
（解熱剤でやっと熱が下がった）

A raíz del accidente de tráfico dejó de andar en coche.
（交通事故がきっかけで彼は車に乗るのをやめた）

解答例

Los consumidores han perdido el poder adquisitivo **a causa de la inflación**.

練習問題

1）パイロットのストライキのために私はスペイン旅行を延期した．
2）その女優は睡眠薬（el somnífero）の飲み過ぎ（la sobredosis）で死亡した．
3）出生率（la natalidad）の低下の影響で，大学に進学する人は減り続けている．

構文73 debido a＋名詞句

大雪のため高速道路が閉鎖された.

ヒント 大雪 las grandes nevadas　高速道路 la autopista　閉鎖される quedar cerrado

---

解説

▶ debido a は〈debido a + 名詞句〉または〈debido a que + 直説法〉という形で使われます. この場合 debido は無変化ですが, ser debido a となると, 主語の名詞と性・数一致します.

Muchos **accidentes** de tráfico son **debidos** a imprudencias de los conductores. (多くの交通事故は運転手の不注意による)

▶ deberse a 〜 (〜に起因する) でも原因を表せます. この場合〈結果 deberse a 原因〉という関係になります. これと正反対の意味関係は〈原因 ser responsable de 結果〉で示すことができます.

Muchos accidentes de tráfico **se deben a** imprudencias de los conductores.

Las imprudencias de los conductores **son responsables de** muchos accidentes de tráfico.

解答例

Debido a las grandes nevadas se ha cerrado el tráfico en las autopistas [las autopistas han quedado cerradas].

練習問題

1) 自動車の交通量の増大により, 大気汚染が深刻になっている.
2) 食料不足は今夏の洪水被害 (daños causados por la inundación) が原因である.
3) 野菜の価格の下落 (la caída de los precios) は, 外国産の安い野菜の輸入に原因がある.

構文74 gracias a＋名詞句

警察の介入のおかげで人質は無事解放された.

ヒント 警察の介入 la intervención policial　～のおかげで gracias a ～
人質 el/la rehén　無事に sano y salvo　解放する liberar

解説

▶〈gracias a + 名詞句・不定詞句〉と〈gracias a que + 直説法〉は主節の内容が望ましい結果になった場合に使います. 望ましくない結果になった場合には por culpa de ～（～のせいで）を使います.

▶課題文は原因の部分が「警察の介入」という名詞句ですので,〈gracias a + 名詞句〉で訳します. 原因が文で表されていたら〈gracias a que + 直説法〉の構文にする必要があります.

Gracias a que han climatizado la oficina, podemos trabajar a gusto incluso en pleno verano.
（オフィスに空調設備が設置されたので, 真夏でも快適に仕事ができます）

解答例

Los rehenes fueron liberados sanos y salvos **gracias a la intervención policial**.

練習問題

1）インターネット（la/el *internet*）のおかげで, 今は自宅から航空券やホテルなどの予約ができます.

2）この村には豊富な湯量の温泉（aguas termales）があるおかげで, 一年中たくさんの観光客がやってきます.

3）日本の漁船団（la flota）は漁業協定（el acuerdo de pesca）のおかげで世界の漁場（el caladero）で操業できる（faenar）.

構文75 dado＋名詞句

状況が状況だけに，エネルギーを節約しなければならない．

ヒント 状況が状況だけに→状況を考慮すると dado + 限定名詞句（dado は後続の名詞と性・数一致する） 状況 las circunstancias エネルギーを節約する ahorrar/economizar energía

---

解説

▶〈dado + 限定名詞句〉は「～を考慮すると」という意味を表します．dado は後続の名詞と性・数一致します．カンマをつけてから，主節を続けます．

▶〈dado que + 直説法〉も理由・原因を示しますが，この場合は dado の部分は無変化です．

Nos iremos la próxima semana, **dado que** no **hay** modo de conseguir pasajes de avión para esta semana.
（僕たちは来週出発しよう，**だって**今週の航空券を入手するすべがない**から**）

解答例

Dadas las circunstancias en que nos encontramos, hay que ahorrar energía.

練習問題

1）話題になった作品なので，多くの観客の来場が見込まれている．

2）事態の重大性（la gravedad del caso）を考慮すると，迅速な対応が要求される．

3）駅からの近さを考えると，このマンションはお買い得です．

構文76 por razones ＋形容詞句

この国は政治的理由で我が国と国交がない.

ヒント 政治的理由で por razones políticas　国交→外交関係 las relaciones diplomáticas

解説

▶「〜的理由で」や「〜上の理由で」は〈por razones + 形容詞〉または〈por razones de + 無冠詞名詞〉で訳すことができます. 次の例を見てください.

por razones **económicas**　（経済的理由で）
por razones **fiscales**　（税制上の理由で）

▶適当な形容詞がない場合は〈por razones de + 無冠詞名詞〉で訳します.

por razones **de interés público**　（公共の利益のために）
por razones **de seguridad**　（保安上の理由で）

解答例

Este país no tiene relaciones diplomáticas con nuestro país **por razones políticas**.

練習問題

1）その作家は思想的な理由（por razones ideológicas）で海外に亡命（exiliarse）せざるをえなかった.
2）防犯上の理由（por razones de seguridad）で新しいマンションの多くはオートロック（portero automático）を備えている.
3）私は経済的な理由で大学を辞めました（abandonar la carrera universitaria）.

構文77 Como＋直説法

具合が悪かったので，昨日私は仕事に行かなかった.

ヒント 具合が悪い encontrarse mal　～なので Como + 直説法　仕事に行く ir al trabajo

---

解説

▶原因を文でしか表せない場合は，原因を表す接続詞を使わざるをえません．原因・理由を示す最も代表的な接続詞は como と porque です．いずれも直説法の動詞を要求します.

▶理由を示す接続詞 como は文頭にきます.「原因→結果」の構文になるわけです.〈Como + 接続法〉は「～ならば」という条件の意味になるので注意が必要です.

▶「仕事に行かない」は faltar al trabajo という言い方もあります.

解答例

Como me encontraba mal, no fui［falté］al trabajo ayer.

練習問題

1）昨日は仕事づくめの1日だったので，私は今日は何もしません.

2）こんなにたくさんの人が長生きをした時代は今までになかったので，よき老後の暮らし方のお手本がありません.

3）自治体（el municipio）や住民の負担が大きいため，プラスチックのゴミの分別回収（la recogida clasificada）は一般化していない.

構文 78 porque＋直説法

腕時計がもう動かないので，私は新しいのを買わなければならない．

ヒント 腕時計 el reloj de pulsera　（時計が）動く andar, funcionar

解説

▶ porque は通常，結果を示す文の後にその原因を示すために使われます． como の構文とは逆の「結果←原因」の構文です．porque の後の動詞も直説法になります．

▶「新しいのを買う」は，別のものを買うことですので otro を使うことができます．また，自分のために買う場合は，再帰動詞 comprarse を使います．

▶「腕時計」は「今持っている腕時計」のことですから el（reloj de pulsera）que tengo とします．これは reloj de pulsera を繰り返し使うことを避けるためです．

解答例

Tengo que comprarme otro reloj de pulsera, **porque el que tengo ya no anda**.

練習問題

1）太郎はスペイン語の勉強にもっと時間をあてなければなりません．というのは動詞の活用を覚えるのが彼には大変だからです．

2）正午を少し過ぎたころだったので，電車は空いていた．

3）インフルエンザウイルス（el virus de la gripe）は空気感染する（transmitirse por vía aérea）ため，医師会（el colegio de médicos）は予防を徹底する（extremar las precauciones）ことを決めた．

79 構文 79

構文79 si . . . , es porque＋直説法

交通事故が増えたのは，車の量が増えたからです.

ヒント ...なのは～だからです si... , es porque/que ～　交通事故 el accidente de tráfico/circulación　車の量→車の数 el número de coches　増える aumentar, incrementarse

---

解説

▶ porque は様々な構文を構成できます.〈si... , es porque + 直説法〉は「... なのは～だからです」の意味で，ある事柄（結果）を述べて，その理由を導入する構文です.

▶ porque はその前に simplemente, principalmente, en parte など副詞（句）をつけて，表現の幅を広げることができます.

Si... , **simplemente/principalmente** es porque + 直説法
（...なのは，**単に/主に**～という理由による）

Si... ,（es）**en parte** porque + 直説法, y **en parte** porque + 直説法
（...なのは，～というわけで**も**あるし，～というわけで**も**ある）

解答例

Si el número de accidentes de tráfico ha aumentado, **es porque se ha incrementado** el número de coches.

練習問題

1）交通事故が増えたのは，道路が悪いということもあるし，車の量が増えたということもあります.

2）交通事故による死亡者が年間1万人を越えるようになったのは，主に道路を走る車の絶対量（el número absoluto de coches）が増えたためです.

構文80 si ..., no porque＋接続法，sino porque＋直説法

交通事故が増えたのは，道路が悪いからではなくて車の量が増えたからです.

ヒント ...なのは～というわけではなくて，～だからなのです si... , no es porque ～, sino porque ～　　道路 la carretera

---

解説

▶〈si... , no（es）porque + 接続法, sino porque + 直説法〉の構文です．これは接続詞 si によってある事柄（結果）を述べてから，一つの原因を否定して，その後で本当の原因を示します．原因が否定された場合，動詞が接続法になる点に注意してください．この構文のバリエーションとして〈si..., es porque + 直説法, y no porque + 接続法〉があります（解答例2）．理由を述べる節の順序が変わるだけです．

解答例

1. **Si** el número de accidentes de tráfico ha aumentado, **no es porque** las carreteras *sean* malas, **sino porque** se ha incrementado el número de coches.
2. [. . .], **es porque** se ha incrementado el número de coches, **y no porque** las carreteras *sean* malas.

練習問題

1）私がこの仕事を引き受けたのは，仕事が気に入ったからではなくて，お金が必要だからです.

2）その映画が興業収入（recaudación）の記録（el récord）を作ったのは，人気俳優が出ているからではなくて，すばらしい作品だったからです.

構文81 en vista de que＋直説法

双方とも合意に達しないので，交渉を年末まで延期することにした.

ヒント 双方 ambas partes　　合意に達する llegar a un acuerdo
交渉 la negociación　　延期する prorrogar

解説

▶原因・理由を示すその他の接続詞句をまとめておきます.

〈ya que + 直説法〉

Ya que *estamos* en Madrid, hemos decidido visitar el Museo del Prado.
（マドリードに居るの**だからと**，私たちはプラド美術館を訪れることにした）

〈puesto que + 直説法〉

Pedro no está enfermo, **puesto que** ya lo *he visto* en el cine.
（ペドロは病気じゃないよ．**だって**映画館で彼を見かけたもの）

〈en vista de que + 直説法〉

En vista de que no *hablaba* nadie más, se levantó la sesión.
（もう誰も発言しなかっ**たので**，会議は閉会した）

解答例

En vista de que ambas partes no **llegaban** a un acuerdo, decidieron prorrogar las negociaciones hasta fines del año.

練習問題

1）通貨危機（la crisis monetaria）が長期化する一方なので，従業員を解雇する（despedir）企業が増えている.

2）彼女は猛勉強したので，試験で秀(S)をとる（sacar un sobresaliente）ことができた.

3）彼の好みを知らないので，何をプレゼントしたらいいかわかりません.

3. 程度を表す構文

構文82 tan＋形容詞＋que＋直説法

私はとても疲れていたので，電車の中で眠ってしまった．

ヒント とても～なので～です tan + 形容詞 + que + 直説法　眠ってしまう quedarse dormido

解説

▶〈tan + 形容詞 + que + 直説法〉の構文で，「とても～なので～です」あるいは「～するほど～です」の意味を示します．

▶解答例では tan が cansado を強めています．cansado はここでは主語の yo を修飾しています．しかし，形容詞が主語以外の名詞にかかることもあります．次の例を見てください．

Aquí hace un *calor* **tan** *sofocante* **que** hay que abrir las ventanas.
（ここは**とても**蒸し暑い**ので**，窓を開けなければいけません）

解答例

Estaba **tan cansado que me quedé** dormido en el tren.

練習問題

1）睡眠は健康維持（mantener la salud）に不可欠なので，睡眠不足（falta de sueño）で人は死ぬこともありうる．

2）リカルドはテレサに夢中だから何でもテレサのいいなりだ．

3）部長はとても頑固（ser terco）なので，何がなんでも（a toda costa）自分の意見を言い張る．

構文83 tan＋副詞＋que＋直説法

マリオはあまりにもあわてて話すので，彼の言っていることを理解するのが大変です.

ヒント とても～なので～です tan＋副詞＋que＋直説法　あわてて precipitadamente
～するのが大変です costar mucho + 不定詞句

解説

▶〈動詞 + tan + 副詞 + que + 直説法〉の構文です．これは動詞を修飾する副詞を強調するときに使います.

▶解答例では tan が副詞 precipitadamente にかかっています．前の構文の形容詞が副詞に変わっただけです．vivir lejos（遠くに住む）とか venir a menudo（頻繁に来る）のように，動詞を修飾する副詞(句)の意味を強調する場合にはこの構文を使います.

▶nos cuesta の nos は me でもかまいません．ここで nos は「誰にとっても」の意味であると考えてください.

解答例

Mario habla **tan precipitadamente que** nos **cuesta** mucho entender lo que dice.

練習問題

1）私は駅のすぐそばに住んでいるので，週末しか自分の車に乗りません.
2）雨が少ししか降っていなかった（llover poco）ので，私は傘をさす必要はなかった.
3）新幹線（el tren bala）は速度が速すぎて，乗客は景色を楽しむことができません.

構文84 動詞＋tanto que＋直説法

私の父は働きすぎで，楽しむ暇がありません.

ヒント 働きすぎで→あまりにもたくさん働くので trabajar tanto que + 直説法
～する暇がない no tener tiempo de + 不定詞句

解説

▶〈動詞 + tanto que + 直説法〉の構文です．tanto は mucho の不規則な同等比較級です．したがって trabajar mucho, llover mucho, comer mucho などのように，mucho で修飾できる動詞を強調する場合はこの構文を使うことができます．

He comido tanto que me duele mucho el estómago.
（私は**食べ過ぎで**，胃がとても痛いんです）

Anoche él **bebió tanto que** hoy tiene resaca.
（彼は昨晩**飲み過ぎたので**，今日は二日酔いです）

▶「～する暇がない」は「～する時間がない」と考えて no tener tiempo de とします．前置詞 de の他に para を使うこともできます．

解答例

Mi padre trabaja **tanto que** no **tiene** tiempo de divertirse.

練習問題

1）政局（la situación política）があまりに混乱してしまったので（complicarse tanto），もう誰も調整できません．

2）大雨が降ったので（llover tanto），町の一部が浸水して（inundarse）しまった．

3）この曲（pieza musical）がとても気に入って，私は毎日聴いています．

構文85 tanto＋名詞＋que＋直説法

彼はのどがからからだったので，一気に水を飲み干した．

ヒント 〈tanto + 名詞 + que + 直説法〉を使う．　のどが渇いている tener sed
一気に水を飲み干す beberse el agua de un trago

解説

▶〈tanto + 名詞 + que + 直説法〉の構文です．tanto は後の名詞と性・数一致します．解答例では tanta が sed を修飾しています．

▶類似の構文に〈tal + 名詞 + que + 直説法〉があります．tal は名詞の数に応じて数変化（tal, tal**es**）をし，名詞の後に置くこともできます．次の例文を見てください．

Hacía **tanto** calor que resultaba difícil respirar.

Hacía **tal** calor que resultaba difícil respirar.

Hacía un calor **tal**, que resultaba difícil respirar.
（とても暑くて，息をするのも大変だった）

解答例

Tenía **tanta sed que se bebió** el agua de un trago.

練習問題

1）駅のホーム（el andén）は人混みがひどくて，一歩も進めなかった．

2）今月はたくさんの映画を観たので，上映中の作品で僕が観ていないものはありません．

3）旅行中，こってりした料理（platos fuertes）ばかり食べたので，今は軽い食事をとりたい．

構文86 no ... tan＋形容詞＋como para＋不定詞句

私は立っていられないほど疲れてはいませんでした.

ヒント ～するほど…ではない no…tan + 形容詞 + como para + 不定詞句

解説

▶「～するほど…ではない」は次の構文が考えられます. tan, tanto がどの品詞を修飾するかに注意してください.

a) no…tan + **形容詞** + como para + 不定詞句/para que + 接続法

b) no + 動詞 + tan + **副詞** + como para + 不定詞句/para que + 接続法

c) no + **動詞** + tanto como para + 不定詞句/para que + 接続法

d) no…tanto + **名詞** + como para + 不定詞句/para que + 接続法

例文で使い方を確認してください.

No estoy **tan ocupado** como para no poder ir al cine.
(私は映画に行けない**ほど多忙ではありません**)

Mi padre **no trabaja tanto** como para no tener tiempo de divertirse.
(私の父は楽しむ暇**がないほど働いてはいません**)

▶解答例では estaba の主語も quedarme の主語も同じなので不定詞句の構文になっています.

解答例

No estaba **tan cansado como para no poder** ponerme en pie.

練習問題

1) 市長は眠る時間がないほど多忙というわけではありません.
(no estar tan ocupado)

2) 私は意識を失ってしまう (perder el conocimiento) ほどお酒を飲んだことはありません.

3) 息苦しいほどの暑さではありませんでした.

4. 結果を表す構文

構文87 por lo que＋直説法

日本は1994年に米を緊急輸入したが，それが米の国際価格を高騰させた.

ヒント 緊急輸入する importar urgentemente　価格を高騰させる encarecer el precio

解説

▶ある文の後の〈por lo que + 直説法〉は「したがって，それ故に」の意味を示します. これに類似した結果の表現に por eso（口語）と por lo tanto があります.

▶「国際価格」は日本語では名詞句ですが，必ずしもスペイン語で名詞句で訳す必要はありません.「米の国際価格を高騰させた」は「米が国際市場で高騰した」と考えます.

解答例

1. En 1994 Japón importó arroz urgentemente, **por lo que** el precio del arroz **experimentó** un encarecimiento en el mercado internacional.
2. [...], **lo que encareció** el precio del arroz en el mercado internacional.

練習問題

1）百貨店の売り上げが毎年下がり続け,「消費不況（la recesión económica）の時代」と言われている.

2）雨不足で給水制限（restricciones de agua）が行われることになり，市役所は節水を市民に呼びかけている.

3）日本では出産が結婚と結びついているため，未婚率 (la tasa de soltería) の増加は出生率の減少に直結している.

構文88 結果の pues

うまい酒は良質の米から，良質の米は農家の技術から生まれる．つまり，うまい酒は農家なくしてはありえない．

ヒント 酒 el *sake*　良質の米 el arroz de buena calidad　農家の技術 la técnica de los agricultores

解説

▶接続詞 pues は理由もしくは結果を示します．結果の接続詞として用いられる場合は，前の文で述べられたことの結果，「したがって/つまり/だから～ということになる」というつながりで使われ，後の文の，動詞の後にカンマを前後につけて置かれます．

▶結果を示す表現には，他に〈así que + 直説法〉〈luego + 直説法〉〈de modo/manera que + 直説法〉(接続法を従えると目的を示します）などがあります．結果を示す節では，動詞は直説法になります．例外は結果を推量する〈de ahí que + 接続法〉(それゆえに～だろう）です．

Pedro conoce bien el tema, **así que** *puedes* preguntárselo a él.
(ペドロはそのテーマに詳しい．**だから**彼にそれを聞くといいよ)

Ha habido un accidente de tren; **de ahí que** él no *pueda* venir hoy.
(列車事故があった．**だから**今日彼は来られない**だろう**)

解答例

Un buen *sake* no puede hacerse sin arroz de buena calidad, el cual no nace sin la técnica de los agricultores. No puede existir, **pues**, un buen *sake* si no existen agricultores.

練習問題

1）彼は車を持っていないので，電車で通勤しています．

2）君は太り過ぎです．ですからダイエットをしなければならないでしょう．

3）大雨が降っている．だから今晩の野球の試合は中止だね．

89 構文 89

5. 譲歩を表す構文

構文89　aunque＋直説法

新しい環状道路が開通したが，都心の道路の交通渋滞は続いている.

ヒント 環状道路 la carretera de circunvalación　交通渋滞 el atasco, la congestión de vehículos

解説

▶譲歩を示す代表的な接続詞は aunque で，〈aunque + 直説法・接続法〉の構文で用います．事実を前提にして「～であるけれども」の意味では直説法を，「たとえ～であっても」のように仮定の意味を表す場合は接続法を使います．課題文の「新しい環状道路が開通した」ことは事実ですので，直説法の動詞を使います.

▶〈aun cuando + 直説法・接続法〉や〈aun + 現在分詞〉も譲歩の意味を表すことができます.

Aun cuando no *tengas* éxito, no te desanimes.
（**たとえ**うまくいかなく**ても**，がっかりするなよ）

Aun pagándolo a precio de oro, no te lo venderán.
（大金を積ん**でも**，君はそれを売ってもらえないだろう）

解答例

Aunque se ha inaugurado una nueva carretera de circunvalación, siguen produciéndose atascos en las calles del centro de la ciudad.

練習問題

1）彼はもう80歳を過ぎたのに，毎朝ジョギングを続けている．（ジョギングをする hacer *footing*）

2）彼には結婚を約束した彼女がいるが，まだ両親には何も話していない.

3）彼の考えは進歩的なほうだが，死刑（la pena de muerte）の全面廃止（la abolición）には賛成ではない.

構文 90 aunque＋接続法

欧州連合はたとえ米国が批准しなくても，京都議定書を批准する意向である.

ヒント 欧州連合 la Unión Europea　批准する ratificar　京都議定書 el protocolo de Kioto

解説

▶「たとえ～であっても」という仮定的内容ですので〈aunque + 接続法〉で訳します．次の例文で直説法との意味の違いを把握してください.

Aunque **estudia**, no aprueba.　［直説法］
（彼は**勉強するけれども**，合格しない）

Aunque **estudie**, no aprobará.　［接続法］
（彼は**たとえ勉強しても**，合格しないだろう）

解答例

La Unión Europea está dispuesta a ratificar el protocolo de Kioto **aunque** Estados Unidos no lo **ratifique**.

練習問題

1）サポーター（los hinchas）が一所懸命応援しても，日本代表はワールドカップ（la Copa Mundial）で優勝できないでしょう.

2）たとえ政治家が真実を言おうとも，この国では誰もそれを信じない.

3）億万長者になっても，彼は今の生活スタイル（modo de vivir）を変えることはないでしょう.

構文91 aunque＋形容詞

この車は小さいけれど，ガソリンをくう．

ヒント ガソリンをくう→ガソリンを消費する gastar/consumir gasolina

解説

▶ aunque 節では述部の動詞が ser か estar のときは，これを省略できます．たとえば課題文の日本語をそのまま尊重して，

Aunque *este coche es* pequeño, consume mucha gasolina.

と訳すことも可能ですが，動詞の es を省略して este coche を後に持ってくると，文が簡潔になります．

▶ 前置詞句がきた場合も aunque の後の動詞を省くことができます．

Salió ileso del accidente aunque **con el cuerpo lleno de hematomas**.

（**体じゅうあざだらけ**になったが，彼は事故で怪我をせずにすんだ）

解答例

Aunque pequeño, este coche consume [gasta] mucha gasolina.

練習問題

1）彼女は50代（cincuentona）だけれども，とても若々しい．

2）あまり気が進まないけれど（sin muchas ganas），今晩は君と映画に付き合うよ．

3）本意ではなかったが（sin querer），私たちはその条件を受け入れるしかなかった．

構文92 a pesar de＋名詞句

彼は長い間日本に住んでいるのに，いっこうに日本語が上達しない.

ヒント ～なのに a pesar de ～, pese a ～　　上達する hacer progresos, mejorar

解説

▶ aunque 以外の譲歩の表現で，頻度の高いものとして a pesar de と pese a があります．まず〈a pesar de + 名詞句〉と〈pese a + 名詞句〉の構文を覚えてください．

▶ 課題文の日本語を直訳して a pesar de que lleva mucho tiempo viviendo en Japón, ...のように〈a pesar de que + 直説法〉の構文で訳すことも可能ですが，mucho tiempo を取り出して a pesar del mucho tiempo que...としたほうが文が簡潔になります．

解答例

A pesar del mucho tiempo que lleva viviendo en Japón, no hace ningún progreso en su japonés.

練習問題

1）暑いのに，部屋の窓は閉まっている．

2）高齢にもかかわらず，彼女は毎日一時間泳いでいる．

3）不況（la recesión/depresión económica）にもかかわらず労働時間（horas de trabajo）は短縮されない．

93 構文 93

構文93 a pesar de que＋直説法・接続法

日本の食料自給率は先進工業国で最も低いのに，農産物の輸入自由化の波はますます激しくなっている．

ヒント 食料自給率 el índice [la tasa] de autosuficiencia alimentaria　先進工業国 los países industrializados　農産物 los productos agrícolas　輸入自由化の波 la tendencia a liberalizar la importación

解説

▶ a pesar de と pese a は不定詞句と節を導入することができます．主節と従属節の動詞の主語が同一のときは〈a pesar de＋不定詞句〉か〈pese a＋不定詞句〉の構文を，主語が異なる場合は〈a pesar de que＋直説法・接続法〉か〈pese a que＋直説法・接続法〉の構文を使います．直説法と接続法の使い分けの原則は aunque と同じです．

解答例

A pesar de que Japón **presenta** el menor índice de autosuficiencia alimentaria entre los países industrializados, se hace cada vez más intensa la tendencia a liberalizar la importación de productos agrícolas.

練習問題

1）一か月も前に入場券を買ったのに，後ろの方の列の席しか取れなかった．

2）両親が反対しているけれども，彼は結婚するだろう．

3）彼は必要な手続き（los trámites requeridos）はすべてしたけれども，滞在ビザ（el visado de residencia）が下りなかった．

構文 94　si bien＋直説法

日本語は中国語から文字を取り入れましたが，中国語とは全く系統の異なる言語です．

ヒント 文字を取り入れる importar la escritura　系統の異なる（ser）distinto de ～ en su origen, ser de procedencia distinta

解説

▶「～ではあるが」「～とはいえ」「～ものの」の意味で，部分的に主節の内容を修正するときに〈si bien + 直説法〉の構文を使います．aunque と異なり接続法がくることはありません．

▶ si bien 節は文頭にも，主節の後にも置くことができます．

▶「確かに～であるけれども」の意味で es cierto que や es verdad que と結合して si bien es cierto que, si bien es verdad que の形で使われることもあります．

解答例

1. El japonés es un idioma completamente distinto del chino en su origen, **si bien debe** su escritura al chino.
2. **Si bien** el japonés **importó** su escritura del chino, es un idioma completamente distinto de este en su origen.

練習問題

1）私が昨日観た芝居（la obra de teatro）は長すぎる嫌いはあったが，すばらしい出来だった．

2）日本人の平均余命（la esperanza de vida）は少し伸びたものの，大都市の住民の平均余命は下がった．

3）確かに世界の食料生産高（la producción de alimentos）は毎年増加しているが，世界の人口も年々増加している．

構文 95　mientras que ＋ 直説法

ジャンボ機のビジネスクラスには座席が一列に7席しかないのに，エコノミークラスには10席もある．

ヒント ～のに mientras que + 直説法　　ジャンボ機 el jumbo　　ビジネスクラス la clase ejecutiva　　エコノミークラス la clase turista

---

解説

▶「僕は勉強している**のに**，兄はテレビを見ている」のような対照的な二つの行為を示す場合は〈mientras que + 直説法〉を使います．事実を前提にしていますので，接続法は使いません．この構文の特徴はどちらに mientras que をつけても，意味の通じる文が成り立つことです．もちろん主節と従属節の関係は逆転して，若干の意味の違いは生じます．

解答例

En el jumbo la sección de clase turista tiene nada menos que diez asientos por fila, **mientras que** la de clase ejecutiva solo **tiene** siete.

練習問題

1）僕は猛勉強しているのに，兄はテレビを見ている．

2）ペルーには10万人以上の日系人（*nikkei*）がいるのに，キューバには約1,300人しかいない．

3）私は旅行が大好きなのに，夫は家で読書をする方を好む．

構文 96 **por mucho + 名詞 + que + 接続法・直説法**

いくらお金を稼いでも，東京の都心に大きな家を買うのは僕には不可能だろう．

ヒント 給料を稼ぐ ganar sueldo　　都心 el centro, la zona céntrica

解説

▶量的な概念を示す譲歩の構文に〈por mucho/más＋名詞＋que＋接続法・直説法〉があります．直説法をとるか接続法をとるかは，aunque の場合と同じですが，接続法で使われることが多い構文です．次の例でこの構文の作り方を把握してください．

Gano mucho dinero.
（僕はたくさんお金を稼ぐ）

Por mucho dinero **que**（yo）*gano*,...　［直説法］
（僕はたくさんお金を稼い**でいるが**）

Por mucho dinero **que**（yo）*gane*,...　［接続法］
（僕が**どんなに**たくさんお金を稼い**だって**）

▶課題文では「いくらお金を稼いでも」という仮定的な話ですから接続法を使います．

解答例

Por mucho［más］dinero que gane, me será imposible comprarme una casa grande en la zona céntrica de Tokio.

練習問題

1）どんなにばかな発言をしても，だれも社長に反論できないだろう．
2）いくらお金を積まれても，私は誰にもこの土地を売る気はありません．
3）いくら服を着込んでも，東京の冬は寒くて仕方がないと彼女は言っている．

構文97 por más que＋接続法・直説法

どんなに科学技術が進歩しても，人は不死身にはなれない．

ヒント 科学技術 la tecnología científica　進歩する avanzar, desarrollarse　不死身になる convertirse en un ser inmortal

---

解説

▶「大いに〜しているが」の意味で動詞を修飾する副詞 mucho と más を際立たせる場合は〈por mucho/más que + 接続法・直説法〉の構文を使います．次の例で使い方を覚えてください．

Trabajas *mucho*/*más*. → **Por** *mucho*/*más* **que** trabajes, ...

▶課題文は仮の話ですので，接続法を使います．

▶〈por poco que + 接続法〉は「譲歩」ではなく「条件」(少し〜するだけで) を表しますので注意してください．

Por poco que te des prisa, alcanzarás el tren de las dos.
（少し急げば君は2時の電車に間に合うよ）

解答例

Por más [**mucho**] **que avance** [**se desarrolle**] la tecnología científica, el hombre no puede convertirse en un ser inmortal.

練習問題

1）いくら説得しても，会長は意見を変えないだろう．

2）いくら君が調べても，あの晩に何が起きたのかは決してわからないだろう．

3）彼はいくら知恵を絞って（devanarse los sesos）も，そのジグゾーパズルを解く（montar el rompecabezas）ことができなかった．

構文98 por muy＋形容詞・副詞＋que＋接続法

どんなにいい薬でも，水虫を一日や二日で治すことはできない．

ヒント 薬 el medicamento　　水虫 el pie de atleta

解説

▶形容詞・副詞を際立たせる場合には〈por（muy）+ 形容詞・副詞 + que + 接続法〉の構文を使います．直説法は使いませんので注意が必要です．次の例で形容詞 listo と副詞 lejos がこの構文で占める位置を確認してください．

Eres muy **listo**. → Por muy **listo** que seas,...
（君は賢い）　（君がどんなに**賢く**ても）

El hospital está **lejos**. → Por muy **lejos** que esté el hospital,...
（病院は遠くにある）　（どんなに病院が**遠く**ても）

▶解答例では el medicamento es bueno/eficaz（その薬は良い/効き目がある）がこの構文に変形しています．

解答例

Por muy bueno ［eficaz］ que sea el medicamento, no puede curar el pie de atleta en un par de días.

練習問題

1）どんなに腹が立っても，冷静さを失ってはいけません．

2）新幹線（el tren bala）がいくら速くても，1時間で東京から博多へ行くことは不可能です．

3）私の息子はいくら野球が上手でも，プロの選手（jugador profesional）にはなれないでしょう．

構文99 接続法＋o no＋接続法

好むと好まないにかかわらず，君は彼の考えを認めなければならない．

ヒント ～しようとしまいと 接続法＋o no＋接続法　彼の考えを認める admitir su opinión

解説

▶「～しようとしまいと」は〈接続法＋o no＋接続法〉の構文で訳します．同じ動詞を肯定形と否定形で使います．

▶「好もうと好まざると」は gustar の代わりに querer を使うと quieras o no quieras となります．なお，後の動詞は省略することができます．

Te guste o no, tendrás que hacerlo.

Quieras o no, tendrás que hacerlo.

▶意味的に対立する語句を用いた場合，必ずしも動詞を肯定形と否定形で用いる必要はありません．たとえば，「暑くても寒くても」は haga calor o frío と言います．

解答例

1. **Te guste o no te guste**, tendrás que admitir su opinión.
2. **Quieras o no quieras**, tendrás que admitir su opinión.

練習問題

1）働いても働かなくても，我々の生活の質は変わらない．

2）君が投票に行って（ir a votar）も行かなくても，選挙結果は変わらないでしょう．

3）雨が降っても降らなくても，試合は予定通り行われます．

構文 100 接続法＋関係詞＋接続法

政府がどんな景気回復策をとるにせよ，以前の最盛期の景気は期待できない．

ヒント 景気回復策 las medidas para reactivar la economía　最盛期→経済的な最盛期 el auge económico　期待する esperar

---

解説

▶〈接続法 + 関係詞 + 接続法〉の構文を覚えましょう．同じ動詞を関係詞の前後に使用します．意味によって適切な関係詞を選択します．次の用例でそのことを確かめてください．

政治家たちが何を言おうとも	digan **lo que** digan los políticos
誰が来ようとも	venga **quien** venga
君がどこに行こうとも	vayas **a donde** vayas
いつ到着しても	llegues **cuando** llegues
君の決定が何であれ	sea **cual** sea tu decisión
どんなやり方にせよ	sea **como** sea

▶課題文の「景気回復策」は複数名詞の las medidas を使いますから **sean cuales sean** las medidas となります．

解答例

Sean cuales sean las medidas que tome el gobierno para reactivar la economía, no puede esperarse el auge económico de antes.

練習問題

1）どんなに犠牲を払っても（cueste lo que cueste），両国は平和条約を締結（firmar）させるべきである．

2）専門家によれば，年齢に関係なくコレステロール（el colesterol）値は一定の（determinado）値以下でなければならない．

3）何としても（sea como sea）試合に勝たなければならない．

構文101 cualquiera que + 接続法

結果がどうであれ，スポーツ選手はベストを尽くすべきです.

ヒント 結果 el resultado　～がどうであれ cualquiera que sea ～　スポーツ選手 el/la deportista　ベストを尽くす hacer todo lo posible

解説

▶譲歩の〈cualquiera que + 接続法〉〈quienquiera que + 接続法〉〈comoquiera que + 接続法〉〈dondequiera que + 接続法〉〈cuando quiera que + 接続法〉は〈接続法 + 関係詞 + 接続法〉の構文と類似の意味を示し，多くの場合言い換えが可能です.

sea cual sea tu decisión → cualquiera que sea tu decisión
venga quien venga → quienquiera que venga
llegues cuando llegues → cuando quiera que llegues

▶後続の名詞句に〈que + 接続法〉の関係節が続くことがあります.

cualquiera que sea la decisión **que adopte el gobierno**
（**政府が**どんな決定を**下す**にせよ）

解答例

Cualquiera que sea el resultado, los deportistas deben hacer todo lo posible.

練習問題

1）どんな思想の持ち主であれ，我が国では20歳以上の国民には選挙権がある.
2）国籍に関係なく，誰でも国連（la ONU）で働くことができます.
3）目的がどんなに崇高なものであっても，武力に訴える（acudir a las armas）ことは許されません.

構文 102 aun a sabiendas de＋名詞句

人員の不足は承知の上ですが，警察は飲酒運転者に対してもっと厳しくするべきであると私は考えます．

ヒント 人員の不足 la falta de personal　～を承知の上で（aun）a sabiendas de + 名詞句　飲酒運転者 los（conductores）que conducen borrachos　～に厳しくする ser duro con ～

解説

▶「～を承知の上で」は〈（aun）a sabiendas de + 名詞句〉または〈（aun）a sabiendas de que + 直説法〉で訳すことができます．

▶類似の構文に〈aun a riesgo de + 不定詞句〉（～する危険を冒して）があります．

Aun a riesgo de arruinarse, se jugó el todo por el todo.
（**破産の危険を承知で**，彼は一か八かの勝負に出た）

解答例

Considero que la policía debería ser más dura con los que conducen borrachos, **aun a sabiendas de la falta de personal de policía**.

練習問題

1）住民の抗議を知っていながら，市はゴミ処理場（la planta de tratamiento de basuras）の建設を許可した．

2）値下がりするのを承知の上で，彼はその会社の株（las acciones）を購入した．

3）チームのリーグ優勝（ganar la liga）の見込みがなくなったことを知っていたが，選手たちは最後の試合でベストを尽くした（hacer todo lo posible）．

6. 目的を表す構文

構文103 para＋不定詞句

1キロの肉を生産するにはその何倍もの穀物が必要です.

ヒント 穀物 el cereal　肉を生産する producir carne　何倍も varias veces

解説

▶目的の表現で最も使用頻度が高いのは，前置詞 para です．動詞の主語を明示する必要がない場合は〈para + 不定詞句〉を使います．たとえば，課題文の「肉を生産する」人は特に明示されていませんので〈para + 不定詞句〉で訳すことができます．

▶「穀物が必要です」と一般的なことを述べていますので，再帰受身（→構文 126）にして se necesitan cereales とします．

解答例

Para producir un kilo de carne se necesitan varias veces más kilos de cereales.

練習問題

1）日本では水の確保（crear reservas de agua）と洪水防止（evitar inundaciones）のため多くのダム（la presa）が建設された．

2）授業に遅刻しないように明日はいつもより早目に起きます．

3）マスコミ（los medios de comunicación）関係者と出会わないように大統領は建物の裏口（la puerta trasera）から出た．

構文104 para que＋接続法

野党は首相を辞任に追い込むため内閣不信任案を提出する意向だ.

ヒント 辞任する dimitir del cargo　内閣不信任案 la moción de censura contra el gobierno

解説

▶主節の主語と従属節の主語が異なる場合は〈para que + 接続法〉にします. 目的を表す節では動詞は接続法にします.

▶課題文の「首相を辞任に追い込むため」は他の訳し方もありますが,「首相が辞任するように」と考えて〈para que + 接続法〉の構文で訳しました. このように元の日本語の意味をよく吟味すれば「追い込む」というスペイン語の動詞を知らなくても訳すことはできるわけです.

解答例

El partido de la oposición tiene previsto presentar la moción de censura contra el gobierno **para que** el primer ministro **dimita** de su cargo.

練習問題

1) 植物が枯れないように, 君は毎日水をやらなければなりません.

2) 当局 (las autoridades) はストライキをやめるように労働者に圧力をかけた (presionar).

3) 祖母は神経痛 (dolores neurálgicos) を和らげるため温泉 (el balneario de aguas termales) へ行った.

構文105 con el fin de＋不定詞句

市は生ゴミの自家処理を促進するため，生ゴミ処理容器の利用を市民に呼びかけている．

ヒント 市 el ayuntamiento, la municipalidad　生ゴミ la basura biodegradable　～の自家処理 el reciclaje en casa de ～　促進する impulsar　生ゴミ処理容器 el recipiente de tratamiento de basura biodegradable

解説

▶「～という目的で」は con el fin de ～ や con（el）objeto de ～ で訳せます．　多くの場合は〈con el fin de + 不定詞句〉〈con（el）objeto de + 不定詞句〉で使われますが，〈con el fin de que + 接続法〉〈con（el）objeto de que + 接続法〉と節になることもあります．

▶目的を示す他の語句：〈a fin de + 不定詞句〉〈a fin de que + 接続法〉〈en orden a + 不定詞句〉（～のために），〈con miras a + 名詞句・不定詞句〉（～をめざして），〈de manera/modo que + 接続法〉（～するように）

解答例

Con el fin de impulsar el reciclaje de la basura biodegradable en casa el ayuntamiento pide a sus habitantes [residentes] que utilicen el recipiente de tratamiento de basura biodegradable.

練習問題

1）交通事故死者を半減させる（reducir a la mitad）ことを目標に掲げて，今日交通問題協議会（la comisión）が発足した．（con el objeto de ～）

2）万全の体調で（en plena forma física）仕事ができるように，彼女は毎日2時間ジョギング（*footing*）をしている．

3）私はメキシコ旅行をめざして貯金をしている．（con miras a ～）

構文106 tener por objeto + 不定詞句

アルコール飲料の広告の禁止は，未成年者の飲酒を減らすことを目的としている．

ヒント アルコール飲料 las bebidas alcohólicas　広告 el anuncio　未成年者 los menores de edad　飲酒 el consumo de alcohol

---

解説

▶「～は～を目的としている」「～は～を目標に掲げている」という日本語には，〈tener por objeto + 不定詞句〉と〈tener como objetivo + 不定詞句〉の構文が対応します．後者は形容詞をとることができます．

La campaña antialcohólica **tiene como principal objetivo** extirpar el alcoholismo.
（反アルコールキャンペーンはアルコール中毒の撲滅を**主な目的としている**）

解答例

La prohibición de anuncios de bebidas alcohólicas **tiene por objeto reducir** el consumo de alcohol de los menores de edad.

練習問題

1）交通安全週間（la semana de la seguridad de tráfico）は交通事故の防止を目的としている．

2）司法解剖（la autopsia judicial）の目的は死因をつきとめる（averiguar las causas de la muerte）ことです．

3）新しい経済政策はインフレを抑制する（frenar la inflación）ことを主な目標に掲げている．

107 構文 107

構文107 no vaya a＋不定詞句

事故を起こすといけないから，慎重に運転をしなさい．

ヒント ～するといけないから→～しないように no vaya a + 不定詞句，no sea que + 接続法　慎重に運転をする conducir con precaución

---

解説

▶「～しないように」「～するといけないから」という文脈で使われる構文に〈no vaya a + 不定詞句〉と〈no sea que + 接続法〉の構文があります．前者の構文では ir の接続法現在形が使われていますが，この部分が活用しますので注意しましょう．

Date prisa, **no *vayas* a perder el tren.**
（**電車に乗り遅れないように**，急ぎなさい）

〈no sea que + 接続法〉の構文では sea は変化しません．上の例文をこの構文で言い換えると次のようになります．

Date prisa, **no sea que pierdas el tren.**

▶この構文は，一般に命令形の後で使われる口語的な言い回しです．

解答例

1. Conduce con precaución, **no vayas a tener** un accidente.
2. Conduce con precaución, **no sea que tengas** un accidente.

練習問題

1）明日二日酔いになる（tener resaca）といけないから，君は飲み過ぎてはいけません．

2）君は山で道に迷わないように，地図（el mapa）と磁石（la brújula）を持っていきなさい．

3）もっと野菜を食べて肉を控えなさい．血圧が上がる（subir la tensión arterial）といけないから．

7. 条件を表す構文

構文108 si＋直説法現在

景気がよくなれば，失業者数は減少するでしょう.

ヒント 景気がよくなる→経済状況がよくなる mejorar la situación económica
失業者数 el número de desempleados

解説

▶「～すれば，～です・でしょう」という通常の条件文は〈si + 直説法現在，直説法現在・未来〉の構文を使います．課題文は一般的な仮定を述べていますので，この構文で表せます．

▶条件節を導く他の接続詞と違って，si の後に接続法現在が使われることはありません．

▶「景気」はスペイン語に訳しにくい語ですが，文中の意味を考えて situación económica とします．「～数」は〈el número de + 無冠詞名詞の複数形〉で訳します．

解答例

Si mejora la situación económica, **disminuirá** el número de desempleados.

練習問題

1）もっと慎重に運転しないと，君はいつか事故に遭うよ．

2）冷湿布をすれば（aplicar una compresa fría），あなたのくるぶしの腫れ（la hinchazón del tobillo）はひくでしょう．

3）輸入食品が増えれば，食料自給率（la tasa de autosuficiencia alimentaria）は下がります．

構文 109 si＋接続法過去

宝くじでも当たったら，勤めをやめて南米をゆっくりと旅行することにします．

ヒント 宝くじに当たる tocarle la lotería（a alguien） 勤めをやめる dejar de trabajar
南米 América del Sur

解説

▶ありそうもないこと（非現実性）や現在の事実に反することを仮定する場合は〈si + 接続法過去，直説法過去未来〉の構文を使います．たとえば雨が降っているときに「もし天気がよかったら，試合ができるのに」というような仮定です．課題文では「宝くじに当たる可能性はほとんどない」ことが含意されていますのでこの構文を使います．

▶主節が先にくる語順も可能です．その場合は si の前にカンマは不要です．

解答例

1. **Si** me **tocara** la lotería, **dejaría** de trabajar y **viajaría** sin prisas por América del Sur.
2. **Dejaría** de trabajar y **haría** un viaje tranquilo por América del Sur **si** me **tocara** la lotería.

練習問題

1）もし天気がよかったら，試合ができるのに．

2）この町に宿泊施設（el establecimiento donde alojarse）がもっとあれば，もっと観光客がくるでしょう．

3）その巨大な高圧電線の鉄塔（la torre de altas tensiones）がなければ，誰もここに原子力発電所（la central nuclear）があるとは思わないだろう．

構文110 si＋接続法過去完了

もう10分早く家を出ていたら，君は電車に乗り遅れずにすんだのに．

ヒント もう10分早く diez minutos antes　家を出る salir de casa　電車に乗り遅れる perder el tren

解説

▶「もしあのとき〜していれば，…だったのに」のように，過去に起きた事柄に反する仮定を想定する場合は〈si＋接続法過去完了，直説法過去未来完了〉の構文を使います．

▶課題文では「君は10分早く家を出なかったので，電車に乗り遅れた」という事実があって，この内容と反対のことを仮定しているわけです．つまり，

Como no saliste de casa diez minutos antes, perdiste el tren.

が現実に起きたことで，これと反対の事を仮定すると解答例になるわけです．

解答例

Si hubieras salido de casa diez minutos antes, no **habrías perdido** el tren.

練習問題

1）救急車（la ambulancia）がすぐに来ていれば，彼は一命をとりとめた（salvarse）かもしれません．

2）台風の被害（los daños）がなければ，今年の桃（el melocotón）は豊作だったのですが．

3）晴れていたら，私たちは車窓から富士山（el monte Fuji）を見ることができたのですが．

構文 111 de + 不定詞句

経済情勢が好転しなければ，多くの中小企業が倒産するだろう．

ヒント 経済情勢 la situación económica　好転する→良くなる mejorar　中小企業 las pequeñas y medianas empresas（las *pymes* という略語もある）　倒産する quebrar, verse en bancarrota

---

解説

▶〈de + 不定詞句〉で「もし〜ならば」という条件を表します．主に書き言葉で使われ，si の条件文に言い換えることができます．解答例は次のように書き換え可能です．

Si no mejora la situación económica, ...

▶〈de + 不定詞の複合形〉になると「もし〜していたならば」の意味で，過去の事実に反する仮定を表します．これも〈si + 接続法過去完了〉に書き換えることができます．

▶不定詞の主語になる名詞句を不定詞の後に置くことができます．解答例では la situación económica が，mejorar の主語になっています．

解答例

De no mejorar la situación económica, muchas pequeñas y medianas empresas tendrán que verse en bancarrota.

練習問題

1）飛行機の利用者が減り続けると，多くの航空会社（la aerolínea）が財政危機に陥るでしょう．

2）台風が東北地方を通過すれば，農作物に甚大な被害をもたらすことが懸念される．

3）君がメキシコに行くことを知っていたら，よいホテルの住所を教えてあげたのに．

構文112 a condición de que + 接続法

今度の給料日に返してくれるなら，君にお金を貸してあげるよ.

ヒント 給料日 el día de paga　返す devolver

解説

▶「〜という条件で」は〈a condición de + 不定詞句〉か〈a condición de que + 接続法〉の構文で訳すことができます．条件を表す節では si を除いて，接続法の動詞を使います．課題文は他の構文でも訳せますが，この構文を使うと「〜という条件で」というニュアンスが明確になります．

解答例

Te dejo dinero **a condición de que** me lo **devuelvas** el día de paga.

練習問題

1）その航空会社は，往復利用（hacer un viaje de ida y vuelta）が条件の国際線ビジネスクラス（la clase ejecutiva）の割引航空券を売り出した（poner a la venta）.

2）君が誰にも言わないならば，僕の秘密を教えてあげるよ.

3）テレビ局は全行程（el recorrido）を撮影するという条件で，その冒険家（el aventurero）の旅費を負担する（financiar el viaje）.

構文113 con tal de + 不定詞句

会社で出世をするためならば，彼は何でもする.

ヒント 出世をする ascender, promocionarse　～するためならば con tal de + 不定詞句

解説

▶「～するためならば」という目的の意味が含まれる条件は，〈con tal de + 不定詞句〉または〈con tal de que + 接続法〉の構文を使います. この構文の例をいくつか挙げておきます.

Es capaz de hacer lo que sea **con tal de ganar** dinero.
（お金を**稼ぐためなら**彼は何でもします）

Con tal de que haya estabilidad económica en el país, voy a votar al partido gubernamental.
（国が経済的に安定**するためなら**私は与党に投票します）

解答例

Él haría cualquier cosa **con tal de ascender** [**promocionarse**] en la empresa.

練習問題

1）政府は国会（el Parlamento）でこの法案（el proyecto de ley）を可決（aprobar）できるならば，若干の譲歩（concesión）はやむをえないと考えている.

2）健康を回復する（recuperar la salud）ためなら，私はどんな手術にも耐えるつもりです.

3）そのゲームソフト（programa de juego）を手に入れるためなら，彼はいくらでも払うだろう.

構文 114 mientras + 接続法

存続を求める声があるかぎり，市は成人式を廃止できない.

ヒント ～の存続を求める pedir la continuación de ～　～があるかぎり mientras (que) + 接続法　市 el ayuntamiento, el municipio　成人式 la ceremonia de la mayoría de edad　廃止する suprimir

---

解説

▶「～するかぎり」という条件は〈mientras (que) + 接続法〉の構文で訳します. que は省略可能です. mientras は「時」(～している間),「対立・対比」(～なのに) の接続詞としての用法もありますので注意してください. 条件の意味を示す場合は接続法を使うと覚えてください.

解答例

El municipio no puede suprimir la ceremonia de la mayoría de edad **mientras haya** opiniones que apoyan la continuación de dicha ceremonia.

練習問題

1) 処方された量 (cantidad recetada) を服用して (tomar) いるかぎり，この薬による副作用 (efectos secundarios) の心配はない.
2) 需要 (la demanda) があるかぎり，メーカー (el fabricante) はその製品の生産を中止すべきではない.
3) 自分を必要とする患者がいるかぎり，私は医師として働こうと思う.

構文115 a no ser que＋接続法

日本代表は残りの2試合に勝たなければ，ワールドカップの出場権を獲得できない.

ヒント 日本代表 la selección japonesa　ワールドカップ la Copa Mundial, los Mundiales　～への出場権を獲得する clasificarse para ～

解説

▶「～するのでなければ」「～しなければ」という否定的内容を含む仮定は〈a no ser que + 接続法〉もしくは〈a menos que + 接続法〉で訳せます.

▶スポーツなどの試合で，予選を通過して本大会への「出場権を得る」ことを clasificarse para ～と言います.

▶「残りの2試合」は「日本代表に残っている2試合」ですので los dos partidos que le quedan と訳すことができます.

解答例

La selección japonesa no puede clasificarse para los Mundiales **a no ser que** [**a menos que**] gane los dos partidos que le quedan.

練習問題

1）彼女に選抜試験に合格する（ganar las oposiciones）気がなければ，どんな忠告も無駄でしょう.

2）有権者（el elector）が投票権を行使しなければ，民主主義は機能しない.

3）利用者が直接クレームをつけなければ，水道会社（la empresa del agua）は何の対策も講じないでしょう.

構文116 a cambio de que + 接続法

夫がパソコンを買うのと引き換えに，妻は夫に禁煙を要求した.

ヒント パソコン el PC, el ordenador personal, la computadora personal　～するのと引き換えに a cambio de que + 接続法

解説

▶「～と引き換えに（～をする）」という意味は〈a cambio de + 名詞句・不定詞句〉か〈a cambio de que + 接続法〉で訳せます．課題文は「パソコンを買う」人と「禁煙を要求した」人が異なりますので接続法を用いる節にします．名詞句の例を挙げておきます．

A cambio de su apoyo electoral el presidente le prometió un puesto de ministro si salía reelegido.
（大統領は**選挙での支持と引き換えに**，再選した際には大臣のポストを彼に約束した）

解答例

A cambio de que el marido **se comprara** un ordenador personal, la esposa le exigió que dejara de fumar.

練習問題

1）道路を拡張する（ampliar）ため，賠償金（la indemnización）と引き換えに市はこの土地を私たちから収用した（expropiar un terreno）.

2）その多国籍企業（la multinacional）は巨額の投資と引き換えに，欧州市場への進出（introducirse）を狙っている.

3）君がテラスの植物の世話をして（cuidar las plantas）くれるなら，僕の留守中に僕のマンションに住んでもいいよ.

117 構文 117

構文117 en caso de＋不定詞句

インターネットでホテルの予約をすると，20パーセントの割引がある．

ヒント インターネット la/el *internet*　ホテルの予約をする reservar un hotel
20パーセントの割引 un descuento del 20%（veinte por ciento）

解説

▶「～の場合には」は〈en（el）caso de＋名詞句・不定詞句〉か〈en（el）caso de que＋接続法〉の構文で訳せます．課題文は一般的なことを述べていますので〈en caso de＋不定詞句〉で訳すことができます．名詞句がくる場合は，無冠詞の名詞がきます．

en caso de **emergencia**　（緊急の場合）
en caso de **colisión frontal**　（正面衝突の場合）

解答例

En caso de reservar el hotel a través de la *internet*, hay un descuento del 20%（veinte por ciento）.

練習問題

1）火災（el incendio）の際はエレベーターを利用しないでください．
2）満足のいく解決策が見い出せない場合は，会長（el presidente）は辞任する（dimitir）しかないでしょう．
3）融資を受けた（beneficiarse del crédito）企業が倒産した（declararse en quiebra）場合には，返済（pagar la deuda）を肩代わりする公共の機関（órgano público）があります．

8. 様態を表す構文

構文118 como＋直説法・接続法

国内の治安は，ここ数年の刑事犯の増加が示す通り，悪化し続けている．

ヒント 治安 la seguridad ciudadana　刑事犯 el delito penal　悪化し続けている seguir empeorando

---

解説

▶「～が示すように」「～の通り」は como を使って訳します．〈como＋直説法・接続法〉の構文がありますが，事実を述べる場合は直説法を，述べる内容が確定していない場合は接続法を使います．次の例で意味の違いを確認してください．

Haz *como* te **dicen**.
（**言われた**ようにしなさい）

Tendrás que hacer *como* te digan.
（君は**言われる**ようにしなければなりません）

上の例では，言われた内容がはっきりしていますが，como te digan（接続法）ではまだ言われる内容が特定されていません．

解答例

La seguridad ciudadana en el territorio nacional sigue empeorando, **como muestra** el aumento en los últimos años de delitos penales.

練習問題

1）古代（la Edad Antigua）の歴史が示すように，文明は資源（los recursos）が枯渇（agotar）すればほろびる．
2）多くの専門家が指摘しているように，野菜は多くの病気の予防に役立つ．
3）君の好きなように，旅行の日程を組んでかまわないよ．

構文119 tal como＋直説法

エコロジストが非難しているように，政府は環境政策を軽視しているわけではないと，首相は述べている．

ヒント エコロジスト el/la ecologista　非難する criticar　環境政策 la política medioambiental　～を軽視する dar menos importancia a ～

解説

▶ tal como（～のように）は直説法または接続法の動詞をとりますが，ある事実を前提にして〈tal como＋直説法〉の形でよく使われます．次の例を見てください．

Pulsa el botón **tal como pone** en las instrucciones.
（説明書に**書いてあるように**，ボタンを押しなさい）

Tal como había ocurrido en mi primera visita, la puerta estaba abierta.
（私が最初に**来たときと同じように**，戸が開いていた）

解答例

El primer ministro insiste en que su gobierno no da menos importancia a la política medioambiental, **tal como han criticado** los ecologistas.

練習問題

1）私が思っていた（suponer）通り，今年はヤクルトがリーグ優勝（ganar la liga）した．

2）事態（las cosas）の成り行きからすると，その会社の倒産は時間の問題（cuestión de tiempo）だろう．

3）よく言われているように，歴史は繰り返す．

構文120 como si＋接続法過去時制

まもなく終わる夏休みを惜しむかのように，子供たちは公園を走り回っていた．

ヒント 夏休み las vacaciones de verano　～を惜しむ echar de menos ～
～を走り回る corretear por ～

解説

▶「あたかも～であるかのように」は〈como si＋接続法過去時制〉で訳すことができます．接続法の過去か過去完了しか使えませんので注意してください．接続法過去の場合は「～であるかのように」，接続法過去完了の場合は「～であったかのように」の意味になります．類似の表現に〈cual si＋接続法過去時制〉と〈igual que si＋接続法過去時制〉があります．

▶「惜しむ」は訳すのに迷いますが，この文脈では echar de menos～を使うとよいでしょう．

解答例

Los niños correteaban por el parque **como si echaran** de menos las vacaciones de verano que terminan pronto.

練習問題

1）彼は自分が市長候補（candidato a la alcaldía）であるかのように応援演説（el discurso de apoyo）をする．

2）父の死後，彼は何事も自分に起こらなかったかのように振る舞っている．

3）あらしの通過を待っていたかのようにセミ（la cigarra）が一斉に（a coro）鳴きだした．

構文121 sin que＋接続法

私たちの個人情報が知らないところで，様々に利用されている．

ヒント 個人情報 datos personales　～ないところで sin que + 接続法　利用する utilizar

---

解説

▶前置詞 sin を使った構文です．〈sin que + 接続法〉は「～することなしに」「～しないで」という意味ですが，文脈によって「結果」を示すこともあります．

El presunto autor desapareció al saber la presencia policial, **sin que pudiera** ser identificado.（容疑者は警察がいることを知ると姿をくらまし，身元をつきとめ**られずにすんだ**）

▶節ではなく不定詞句がくることもあります．

解答例

Están utilizados nuestros datos personales en diversos campos **sin que** lo **sepamos**.

練習問題

1）経済成長を減速させることなく，温室効果ガス（los gases de efecto invernadero）を減らす戦略はたくさんある．

2）具体的な政策がないままに，新しい政党が結成された．

3）両国間で漁業交渉（negociaciones pesqueras）が再三行われたが，合意に達する（llegar a un acuerdo）ことはなかった．

第6章

その他の構文

第2章から第5章にかけて，複合節（名詞節・関係節・副詞節）の構文を中心に学習しましたが，本章では文法的な主語のない文（無主語文・不定主語文），受動文，使役や放任を表す文など，スペイン語を書く際に是非知っておきたい構文を学びます．

1. 無主語文

スペイン語では文法上の主語がない文（無主語文）があります．これは動詞が文法上の主語に応じて活用するというスペイン語の規則に反するものですが，現実には表現上の必要性から無主語文が存在します．文法上の主語が現われない文のタイプをまとめておきます．

1）単人称動詞と呼ばれる動詞グループです．3人称単数形でだけ活用する動詞には，文法上の主語がありません．「天候」など自然現象を表す動詞がこれにあたります．

llover （雨が降る） **Llueve**.

nevar （雪が降る） **Nieva**.

2）hacer という動詞は「する」「作る」などの意味では文法的な主語をとることのできる動詞です．「天候」を表すときは3人称単数形でしか活用せず，しかも文法上の主語を必要としません．

Hace una noche preciosa. （美しい夜です）

また「時の経過」を表す場合も3人称単数形でしか活用せず，しかも文法上の主語を必要としません．

Hace medio año que vivo aquí. （ここに住んで半年になります）

3）ser は「時刻」を表すときに主語を必要としません．「1時」以外のときは動詞が3人称複数形の活用になります．

Es la *una* y media. （1時半です）

Son las *dos* y media. （2時半です）

4）haber は主に複合時制（現在完了や過去完了等の「～完了」という時制）を作る助動詞ですが，3人称単数形で「～がある」の意味を表すことができ，このとき主語はありません．

Hay un mercado cerca de aquí. （この近くに市場があります）

構文122 天候の hace

今朝はとてもすがすがしく，昨日までの蒸し暑さがうそのようです.

ヒント すがすがしい朝 una mañana agradable　蒸し暑さ el bochorno
～がうそのようです parece mentira que ～

解説

▶「天候」を表す hacer は3人称単数形で活用し，文法上の主語を必要としません. Hace buen/mal tiempo（天気が良い/悪い）の他に，次のような文も使われます.

Hace una mañana/tarde/noche muy buena.
（とてもすばらしい朝/午後/夜です）

解答例

Parece mentira que ayer **hiciera tanto bochorno** y hoy **haga una mañana tan agradable**.

練習問題

1）雪が降ろうが，雨が降ろうが，電車は遅れません.
2）私は失業して2年になります.
3）首都圏（zona metropolitana）には200軒を越える数のスペイン料理店がある.

2. 不定主語文

動詞の表す行為を行なう人は現実に存在するけれども，行為者を明確にする必要がない場合や，行為者が誰であるか特定できない場合にも，文法上の主語が現われない構文が使われます．これには次の2種類の構文があります．

1）3人称複数の動詞を用いる場合 （行為者が特定できない場合）

Llaman a la puerta.
（誰かがドアをノックしている）

¿Dónde **venden** maíz?
（とうもろこしはどこで売っていますか？）

最初の例ではノックをしている人は不明です．下の例では，とうもろこしを売っている人（行為者）はいますが，その人を特定する必要はありませんし，また特定できない場合もあります．このような場合に動詞を3人称複数形に活用させます．

2）**se**＋動詞の3人称単数の活用 （行為者を一般化する場合）

¿Se **puede** fumar aquí?
（ここでタバコを吸ってもいいですか？）

No **se vive** mal en esta ciudad.
（この町の生活は悪くない）

¿Cómo **se dice** "buenos días" en japonés?
（「ブエノス・ディアス」は日本語で何と言いますか？）

主語（行為者）がはっきりしない場合，または一般化して何かを述べる場合，〈se＋動詞の3人称単数形の活用〉の構文を用います．文脈によって日本語訳は異なりますが，あえて訳すとすれば「一般に人は～する」となります．**¿Se puede** fumar aquí? は「自分ばかりでなく，一般的にタバコを吸うことがここで許されているかどうか」を聞く意味で使われています．

構文123 3人称複数の活用

グローバリゼーションによって，現在2,500以上の言語が絶滅の危機にさらされているという.

ヒント グローバリゼーション la globalización　絶滅の危機にさらされている estar en peligro de extinción　～という dicen que ～

解説

▶動詞を3人称複数形に活用させて主語の不特定を示します．課題文の「～という」は言っている人を特定することはできませんから，この構文を使って〈dicen que＋直説法〉とします.

▶他の例を挙げましょう.

Me **robaron** la cartera.　（私は財布を盗まれた）

¿Dónde **venden** zapatos?　（靴の売り場はどこですか？）

上の例では，財布を盗んだ人はいるわけですが，犯人が見つからなければ盗んだ人を特定できません．下の例では，デパートで売り場を探しているときに，靴を売っている人を特定することはできませんし，特定する必要もありません.

解答例

Dicen que más de 2.500 (dos mil quinientas) lenguas están en peligro de extinción debido a la globalización.

練習問題

1）昨日僕は地下鉄で携帯電話を盗まれた.

2）なにか担保（algo que hipotecar）がなければ，あなたは融資（el crédito）は受けられないでしょう.

3）私は先月ある写真のコンクールで一等賞をもらった.

構文124 se＋3人称単数の活用

最近，IT革命のことが頻繁に話題になっている．

ヒント IT革命 la Revolución de la Tecnología de la Información　～のことが話題になる se habla de ～　頻繁に a menudo

解説

▶〈se＋動詞3人称単数形〉の構文は，主語が明確でない場合や，明確にする必要がない場合に，ある事柄を一般化して述べるときに使います．たとえば，ホテルのチェックアウトの時刻を知らせる次のような表現で使われます．

Se ruega a los señores clientes que desocupen la habitación lo más tarde a las doce horas.
（お客様に遅くとも12時までに部屋をお空けになるように**お願い致します**）

▶課題文の「話題になっている」もこの構文を使って se habla de ～ と訳すことができます．

▶構文123で学んだ主語の不特定性を示す3人称複数形の構文との違いは，この構文は物事を一般化して述べるという点です．

解答例

Últimamente **se habla** a menudo［mucho］de la Revolución de la Tecnología de la Información.

練習問題

1）このレストランはとてもおいしい（comer bien）．

2）駅から大学まで徒歩で10分かかる（tardar）．

3）日本の家では，靴を履いたまま（con los zapatos puestos）室内に入ることはできません．

3. 受動文

構文125　ser＋過去分詞

日本の自然は，何千年にもわたって農民や林業者によって管理され，手入れされてきた．

ヒント 自然 la naturaleza　～にわたって a lo largo de ～
林業者 el［la］silvicultor［tora］　管理する administrar　手入れする cuidar

解説

▶スペイン語には2種類の受動文がありますが，まず〈ser＋過去分詞〉の受身を覚えましょう．この構文では「～によって」という行為主を前置詞 por で導入します．

▶課題文は現在完了で訳すと，現在もなおその状態が続いていることを示すことができます．

▶〈ser＋過去分詞〉の受身は，現在時制よりも未来・現在完了・点過去などの時制でよく使われます．

解答例

La naturaleza de Japón ha sido administrada y cuidada por los agricultores y silvicultores a lo largo de miles de años.

練習問題

1）口蹄疫（la fiebre aftosa）に感染した疑いのある家畜（el ganado）がオランダで発見された

2）その評論家の入閣（la entrada en el gobierno）はマスコミに痛烈に批判された．

3）カステラ（el bizcocho）は豊臣秀吉の時代にポルトガル人から長崎に伝えられた．

構文126 再帰受身

動物性飼料は，家畜を早く安く大きくするために使われた．

ヒント 動物性飼料 los piensos de origen animal 家畜 el ganado （家畜を）大きくする→太らせる engordar（el ganado）

解説

▶もう一つの受動文は再帰受身で，スペイン語独自の構文です．使用頻度からみると〈ser＋過去分詞〉による受身より多いかもしれません．

▶解答例の se utilizaron の部分が再帰受身で，主語 los piensos と一致しています．課題文のように行為主が示されていない場合は，再帰受身にしたほうがよいでしょう．〈ser＋過去分詞〉では por で行為主を示すことがありますが，再帰受身の場合は一般に行為主を por で示すことができません．

▶「早く」は rápidamente でも訳せますが，「早く安く」とありますので，解答例のように訳しました．

解答例

Los piensos de origen animal se utilizaron para engordar el ganado con rapidez y menor costo [...para engordar el ganado de forma rápida y barata].

練習問題

1）駅の売店では新聞や雑誌を売っている．

2）最大限の収益（la mayor rentabilidad）を上げようと多数の家畜が狭い畜舎（la granja）で飼育される．

3）陶器（la cerámica）の展覧会では日本の著名な陶芸家（ceramista）の作品が展示されている．

4. 不可抗力を示す構文

構文127 不可抗力を示す文

高速道路走行中にガソリンが切れてしまった.

ヒント 高速道路 la autopista　　ガソリンが切れる acabarse la gasolina

解説

▶意図的な動作と不可抗力で起きてしまった動作はそれぞれ異なる構文を使います. 次の二つの文を観察してください.

（Yo）Dejé caer el vaso.（私はコップを落とした）［意図的］

Se me cayó el vaso.　（コップを落としてしまった）

最初の文は「私」が故意に「コップを落とした」という意味を表します. うっかり「コップを落とした」場合は後者の構文を使います. この文では文法上の主語が el vaso で, 被害者が与格代名詞 me で表されています. 課題文は「ガソリンの補給をうっかり忘れていてガソリンが切れた」わけですから, この構文を使います. 被害者が「私たち」であると考えて与格代名詞 nos を使います.

▶「走行中に」は「高速道路を移動しているときに」と考えて cuando viajábamos または cuando íbamos とすればよいでしょう.

解答例

Se nos acabó la gasolina cuando íbamos por［viajábamos en］la autopista.

練習問題

1）僕がサッカーの試合を見ている最中にテレビがこわれてしまった.（estropearse el televisor）

2）ちりが左の目に入ってしまった.（meterse una mota de polvo）

3）公園を散歩をしているときに彼女にいい考えが浮かんだ.（ocurrirse una idea）

5. 不定詞・現在分詞・過去分詞の特殊な構文

構文128 sentir＋名詞句＋不定詞句

世界一速いジェットコースターに乗ったとき，恐怖と快感が身体中を走るのを感じた.

ヒント ジェットコースター la montaña rusa　恐怖 el miedo　快感 el placer
身体中 todo el cuerpo　〜のを感じる sentir algo＋不定詞句

解説

▶〈ver/oír/sentir＋名詞句＋不定詞句〉で「〜が〜するのを見る・聞く・感じる」という特殊な構文を作ります. 不定詞句以外に現在分詞や過去分詞をとることのできる動詞もあります. 例を見て意味の違いを確認してください.

Oigo sonar el timbre. （ベルが**鳴るのを聞く**）

Vi al autor del atentado **cruzando** la calle.
（襲撃犯が通りを**横切っているのを見た**）

Encontraron la ciudad completamente **destruida**.
（町が完全に**破壊されているのを目にした**）

解答例

Sentí un miedo y un placer recorrerme todo el cuerpo cuando subí a la montaña rusa más rápida del mundo.

練習問題

1）子供たちは，白塗りのスポーツカーが赤信号を無視する（saltarse un semáforo en rojo）のを目撃した.

2）私はペドロがスペイン語で話すのを一度も聞いたことがない.

3）彼女は緊張して心臓がドキドキしている（palpitar）のがわかった.

構文129 tener＋過去分詞＋名詞句

失業率の増加に世論はとても不安を抱いている.

ヒント 失業率の増加 el aumento de la tasa de desempleo　世論 la opinión pública　不安を抱く→不安を抱かせる preocupar

---

解説

▶〈tener＋過去分詞＋名詞句［直接補語］〉の構文は「～してある」という意味で，ある行為が完了した状態を示します．この構文では，過去分詞と直接補語になる名詞が性・数一致します．

Tengo **reservados** los **billetes** de avión.
（**航空券を予約し**てあります）

He reservado los billetes... とすると「航空券を**予約した**」という意味になります.

▶解答例は preocupar a la opinión pública を〈tener＋過去分詞＋名詞句〉の構文に書き換えたと考えてください．

▶類似の構文に〈llevar＋過去分詞＋名詞句〉（～してある）があります．

解答例

El aumento de la tasa de desempleo **tiene** muy **preocupada a la opinión pública**.

練習問題

1）頻繁に起こるテロ行為（atentados terroristas）は地域の住民を恐怖に陥れている.

2）彼女は骨折を直す（curar la fractura）ために，左腕に2週間ギブスをはめなければならなかった．（llevar＋過去分詞＋名詞句）

3）年金財源（fondos de pensiones）の減少は私たちが不安を抱いている問題です.

6. 使役・放任の構文

構文130 hacer＋不定詞

美しい景色にみとれて私は時の経つのを忘れた.

ヒント 美しい景色 el paisaje hermoso　美しい景色にみとれて→美しい景色を見ること la contemplación del hermoso paisaje　時が経つ transcurrir/pasar el tiempo

---

解説

▶〈hacer＋不定詞＋名詞句〉で「～させる」という使役を表します. 人も事物も主語になることができます.

▶使役の動作をこうむる人・事物を3人称の代名詞で示す場合, 不定詞が自動詞のときは対格代名詞に, 他動詞のときは与格代名詞にします.

Hice **venir** *un coche*.

→ *Lo* hice **venir**.　［venir: 自動詞］

Hice **visitar** el templo *a mis hijos*.

→ *Les* hice **visitar** el templo.　［visitar: 他動詞］

解答例

La contemplación del hermoso paisaje me **hizo perder** la noción del paso del tiempo.

練習問題

1) 台風の影響で私たちは沖縄旅行を取りやめ (suspender) なければならなかった.

2) この風景を見ると私の生まれ故郷を思い出し (recordar) ます.

3) 少年犯罪 (la delincuencia juvenil) の増加は, 我が国の教育制度について私たちに反省を促す.

構文 131 dejar＋不定詞

コピー機の電源は入れたままにしておいてください.

ヒント コピー機 la fotocopiadora　～を入れたままにしておく dejar encendido ～

解説

▶ dejar は次の構文を作ることができます.

〈dejar＋不定詞＋名詞句〉(～させておく)

Los domingos **nos dejan entrar** gratis en el museo.
(日曜日には博物館に無料で**入れる**)

〈dejar＋現在分詞＋名詞句〉(～しているのを放っておく)

Los padres **la dejaron durmiendo** en el sofá.
(両親は**彼女が**ソファで**眠っているのを放っておいた**)

〈dejar＋過去分詞＋名詞句〉(～したままにしておく)

No **dejen abierta la puerta**.
(**ドアを開けたままにし**ないでください)

▶不定詞の主語になる3人称の対格・与格代名詞の選択は〈hacer＋不定詞＋名詞句〉の構文と同じです.

解答例

Dejen encendida la fotocopiadora.

練習問題

1) 太郎は両親にメキシコに留学させてもらえない.

2) 私は蜜蜂 (la abeja) が花の蜜を吸っている (libar el néctar) のを放っておいた.

3) 貴重品 (objetos de valor) を机の上に置き忘れないでください.
(dejar＋過去分詞＋名詞句)

構文132 dejarse＋不定詞

彼はいかなる状況でも感情に流されない人間だ.

ヒント 状況 la situación　感情に流される dejarse llevar por los sentimientos

---

解説

▶〈dejarse＋不定詞〉は人が主語になると「自分が～されるがままにする」という意味を示します．また事柄が主語の場合は「～されるようになる」の意味になります．いくつか例を挙げましょう．

dejarse tomar fotos
（自分が写真を**撮られるのを放っておく**）

dejarse engañar por alguien
（誰かに**だまされるままになる**）

La inestabilidad económica **se deja sentir** en el mercado bursátil.
（経済の不安定性が株式市場で**感じられる**）

▶ dejarse llevar por los sentimientos を否定にすれば，「感情に流されない」という意味になります．

▶日本語の「姿を見せない」もこの構文で訳すことができます．

El diputado acusado **no se deja ver** en público.
（告発されたその議員は公の場に**姿を見せない**）

解答例

Él es una persona que no **se deja llevar por** los sentimientos en ninguna situación.

練習問題

1）その女優は仕事以外では決して写真を撮らせない．
2）彼は度胸のある（audaz）男で，滅多なことでは動じない．
3）最後の場面（la última escena）に観客は感動した．

7. 分詞構文

構文133 現在分詞の分詞構文

外国の原子力潜水艦が昨日，我が国との取り決めに違反して，通告なしで佐世保港に入港した.

ヒント 原子力潜水艦 el submarino atómico［nuclear］　取り決めに違反する violar el acuerdo［convenio］　通告なしで sin previo aviso

---

解説

▶現在分詞を使う分詞構文は，条件・理由・時などを表します.

Corriendo un poco, alcanzarás el último autobús.［条件］
（少し**走れば**，君は最終バスに間に合うよ）

Viendo tal desorden, decidí no intervenir en la discusión.［理由］
（あまりの混乱**に**，私は議論に加わらないことにした）

▶現在分詞の主語が主節と異なる構文も可能です.

Estando reunidos todos los miembros, el presidente abrió la sesión.
（メンバーが全員揃った**ので**，議長は開会した）

▶課題文は「取り決めに違反して」の部分に現在分詞を使うとうまく訳すことができます.

解答例

Violando el acuerdo alcanzado con nuestro país, el submarino atómico［nuclear］extranjero arribó ayer al puerto de Sasebo sin previo aviso.

練習問題

1）追加料金（el suplemento）を払えば，私たちは海に面した部屋に泊まれます.
2）まだ若かったのに，彼は大臣の職（el cargo）に上りつめた.
3）20年間一所懸命働いて，彼女は今日の富を築き上げた（amasar la fortuna）.

構文134 過去分詞の分詞構文

ピアニストの演奏が終わると，観客は総立ちになって拍手をし始めた.

ヒント ピアニスト el/la pianista　演奏 la actuación　観客 el[la] espectador[dora]
総立ちになる ponerse en pie　拍手をする aplaudir

解説

▶過去分詞の分詞構文は，文脈に応じて条件・時・理由などを示します．この構文では過去分詞が名詞と性・数一致をします．後に名詞がある場合はその名詞と性・数一致します．名詞句がない場合は，主節の主語と性・数一致します．

Terminada* la *fiesta, todos se marcharon. ［時］
（パーティーが終わると，皆立ち去った）

***Asombrada* por la noticia**, *Maite* se mostró decepcionada. ［理由］
（その知らせにびっくりして，マイテは落胆した）

▶過去分詞の代わりに形容詞が使われたり，過去分詞の前に una vez がついた〈una vez＋過去分詞〉（～すると）の構文もあります．

Una vez *firmado* el *tratado* de paz, los dirigentes de ambos países se estrecharon la mano.
（和平条約が調印されると，両国の首脳は握手を交わした）

解答例

Terminada la actuación del pianista, los espectadores empezaron a aplaudir puestos en pie.

練習問題

1）新しい税制改革法案が可決されて，国会は閉会した．（una vez＋過去分詞）

2）待ちくたびれて，彼女はビザの申請を諦めた．

3）桜が満開になる（cubrirse de flores）と，皆飲んで歌って春の到来を祝った．

8. 様々な構文

構文135 no ～, sino ～

住民はゴミを分別するのに反対なのではなくて，収集方法に反対なのです．

ヒント ゴミを分別する clasificar/separar la basura　～に反対する estar en contra de ～　ゴミの収集方法 el modo de recoger la basura

解説

▶「AではなくてBです」は〈no A, sino B〉の構文を使います．sino の後には語または句がきます．課題文では「ゴミを分別する」がAになり，「収集方法」がBになるわけです．「収集方法」は el modo de recoger と句になりますので，この構文で訳すことができます．

解答例

Los vecinos **no** están en contra de clasificar [separar] la basura, **sino** de su modo de recogerla.

練習問題

1) 南半球（el hemisferio sur）の夏休みは8月ではなくて，2月です．

2) 私の父は近視（miope）ではなく，乱視（astigmático）です．

3) 逮捕された人が送られる所は，刑務所（la prisión）ではなく拘置所（la prisión preventiva）です．

構文136 no ～, sino que＋直説法

日本の農産物が高いのは農家のせいではなく，山間部の多い日本の農業が負っている宿命なのです．

ヒント 農産物 los productos agrícolas　農家 el［la］agricultor［tora］　山間部の多い（領土）（territorio）muy montañoso　宿命 el destino

解説

▶「AではなくてBです」のBの部分に節がくるときは〈no A, sino que＋直説法〉の構文を使います．

▶「山間部の多い日本」はむずかしく考えずに al tratarse de un país montañoso とすればよいでしょう．

▶「日本の農産物が高いのは」は名詞句で訳せませんので，El（hecho de）que sean caros... と節にします．

解答例

El que sean caros los productos agrícolas japoneses, **no** es culpa de los agricultores, **sino que es** el destino de la agricultura de Japón al tratarse de un país montañoso.

練習問題

1）彼は定職（empleo fijo）を持たないで，臨時の（temporal）仕事で生活をしている．

2）私がマリアを映画に誘ったのではなくて，マリアに頼まれて私は一緒に行ったのです．

3）残念なことに貧しい人々が豊かになっているのではなく，裕福な人々がますます豊かになっています．

構文 137 no solo ~ , sino también ~

その島は美しい海岸だけではなく，珊瑚礁でも有名です.

ヒント 海岸 la playa　珊瑚礁 el arrecife de coral　～で有名である ser famoso/conocido por ～

解説

▶「Aばかりでなく B も」を訳すときは〈no solo/solamente A, sino (también) B〉を用います．Bの部分に節がくるときは〈no solo ～, sino que＋直説法〉の構文にします.

Pedro **no solo** cobra un buen sueldo, **sino que** tiene herencias.
（ペドロはいい給料をとっている**ばかりでなく**，遺産**も**ある）

▶文のどの部分にこの相関語句を使うかに注意しましょう．課題文では「美しい海岸だけで有名なのではなく，珊瑚礁でも有名です」と「有名である」理由を述べていますから，ser famoso por ～を使って，前置詞 por の前に no solo と sino también をもってきます.

解答例

Esta isla es famosa **no solo** por sus hermosas playas, **sino también** por el arrecife de coral.

練習問題

1）私の父はタバコだけでなく，お酒もやめた.
2）ミネラルウォーター（el agua mineral）は飲料用だけでなく，調理にも使われる.
3）その靴屋は靴の販売ばかりではなく，修理もしている.（no solo ～, sino que ～）

構文138 pero no por ello＋直説法

彼は確かに勉強がきらいだが，だからといって頭が悪いというわけではない．

ヒント 確かに～だが es cierto que＋直説法　だからといって no por ello　頭が悪い ser poco inteligente

解説

▶〈pero no por ello＋直説法〉は前に述べた内容を受けて「だからといって～ではない」という意味を表します．述べた内容から予想されることを否定する文脈で使います．前にくる文が否定文になる傾向が見られますが，肯定文も可能です．

解答例

Es cierto que a él no le gusta estudiar, **pero no por ello** es poco inteligente.

練習問題

1）その野球選手は今シーズン（temporada）はよい成績を残しませんでしたが，だからといって来シーズンの成績が危惧されているわけではありません．

2）食品の安全性は大事な問題ですが，だからといって飢餓（el hambre［女性名詞］）より優先性が高い（prevalecer）わけではありません．

3）その国は経済的には豊かではありませんが，だからといって国民が不幸な生活を送っているわけではありません．

構文139 no poder por menos de＋不定詞句

私たちは君の司法試験の合格を祝わないわけにはいきません.

ヒント 司法試験 las oposiciones para el cuerpo de Justicia, las oposiciones a la carrera judical　合格を祝う celebrar el éxito

解説

▶「～せざるをえない」「～しないわけにはいかない」は〈no poder por menos de/que＋不定詞句〉の構文を使います.

▶「君の司法試験の合格」の「君の」は所有詞ではなく，関係節を使って，

el éxito **que has tenido** en las oposiciones para el cuerpo de Justicia

とするとうまく訳せます.

解答例

No podemos por menos de［que］celebrar el éxito que has tenido en las oposiciones para el cuerpo de Justicia.

練習問題

1）彼の笑い話（el chiste）を聞いて私は笑いださないわけにはいかなかった.

2）私は自分が間違っていたことを認めざるを得ません.

3）私たちはその提案に異議を唱え（hacer una objeción）ないわけにはいきません.

構文140 una cosa es ～ y otra ～

愛と結婚とは全く別のことだと私は思います.

ヒント 愛 el amor　結婚 el matrimonio, el casamiento　AとBとは全く別のことである una cosa es A y otra muy distinta, B

解説

▶「AとBとは別のことです」は他の言い方もできますが，una cosa es ～ y otra ～ で訳すことができます．otra に muy distinta をつけて別であることを強調することもあります．課題文の「～は全く別のことです」はこれで訳すとよいでしょう．

▶ otra の後の es は省略可能です．その場合は otra の後にカンマをつけます．

解答例

Creo que **una cosa es** el amor **y otra muy distinta**, el matrimonio.

練習問題

1）専門家（profesional）として優れていることと，人間として立派な（cabal）ことは全く別である．

2）世界記録（el récord mundial）を破ることと，金メダル（la medalla de oro）をとることは別のことです．

3）禅（el *zen*）の哲学を理解することと，禅の修業（los ejercicios del *zen*）をすることは全く別です．

構文141 entre＋複数名詞句, figura ～

政府が国会に提出した法案の中に，所得税の引き上げがある．

ヒント 国会 el Parlamento　法案 el proyecto de ley　所得税 el impuesto sobre la renta

解説

▶〈entre los/las＋複数名詞，figura(n)/está(n)/se encuentra(n)/se halla(n)...〉は頻度の高い構文で，「～の中には...がある」という意味を示します．動詞は figurar, estar, encontrarse, hallarse が主に使われますが，他の動詞がくることもあります．

解答例

Entre los proyectos de ley presentados por el gobierno al Parlamento, **figura** el aumento de los impuestos sobre la renta.

練習問題

1）自殺の主な原因（los motivos del suicidio）には経済的な問題や病気を患っていることなどがある．

2）市場で売られているミネラルウォーターの水源（la fuente）のいくつかはゴルフ場（el campo de golf）の近くにある．

3）昨年大リーグ（las Grandes Ligas）で記録を作った（establecer el récord）選手の中には，日本人選手も何人かいます．

構文142 no siempre+直説法

低いコレステロール値が必ずしも健康によい効果をもたらすとはかぎらない.

ヒント コレステロール値 el nivel de colesterol　必ずしも～とはかぎらない no siempre+直説法　よい効果 el efecto beneficioso

---

解説

▶「必ずしも～とはかぎらない」は〈no siempre+直説法〉で訳すことができます. 頻度が高くて, しかも簡単な言い回しですので是非覚えてください.

▶「よい効果をもたらす」は動詞 tener を使って, tener efectos beneficiosos と訳すことができます.

解答例

Los bajos niveles de colesterol **no siempre tienen** efectos beneficiosos para la salud.

練習問題

1）目上の人たち（mayores）の例にならう（seguir el ejemplo）ことが, 必ずしも良いとはかぎらない.

2）値段の高さは, 必ずしも品質を伴うとはかぎらない.

3）ベストセラーの本（el libro más vendido）が必ずしも読むに値するとはかぎらない.

構文143 Hay ~ entre A y B

外交政策に関して与党と野党の間には大きな意見の相違がある.

ヒント 外交政策 la política diplomática　与党 el partido gubernamental
野党 el partido de la oposición　意見の相違 la diferencia de opinión

解説

▶「AとBの間に〜がある」は〈Hay ~ entre A y B〉で訳すことができます. たとえば「AとBの間に大きな違いがある」は,

Hay una gran diferencia entre A y B.

となります.

解答例

Hay gran diferencia de opinión sobre las políticas diplomáticas **entre** el partido gubernamental **y** los de la oposición.

練習問題

1）心（la mente）と体（el cuerpo）には因果関係（la relación de causa y efecto）がある.

2）ステージ（el escenario）と観客席（el patio de butacas）の間にオーケストラ席（el foso de orquesta）がある.

3）深部静脈血栓症（trombosis venosa profunda）による死亡と航空機の座席の狭さには直接的な関連（la vinculación directa）はない.

第7章

比較構文

スペイン語の形容詞と副詞には比較級と呼ばれる形式があります．いずれも〈優等比較〉〈劣等比較〉〈同等比較〉という形があります．規則的な比較級は más, menos, tan をつけて作り，次の構文で使われます．

〈**más** + **形容詞・副詞** + que ～〉　（～よりもっと～な・に）　（優等比較）
〈**menos** + **形容詞・副詞** + que ～〉（～ほど～ではない）　（劣等比較）
〈**tan** + **形容詞・副詞** + como ～〉　（～と同じくらい～な・に）（同等比較）

太字の部分が比較級です．「～よりも」という比較の対象となる語句を導入する際に，優等・劣等比較は接続詞 que を，同等比較では como を使います．この点は十分に注意してください．3種類の比較級のうち最も頻度が高いのは優等比較ですので，まずこれを使えるようにしましょう．

比較級には不規則形があります．不規則形は，形容詞・副詞に más をつけて作るのではなく，語そのものが別の形になります．たとえば形容詞 bueno（良い）の比較級は mejor（より良い）となります．副詞 bien（上手に）の比較級も mejor（より上手に）となります．形容詞と副詞の比較級が同じになっていますが，形容詞の mejor は名詞と一致して mejor, mejores と数変化します．一方，副詞の mejor は無変化です．

以上が，比較級の簡単な説明ですが，比較級を使う構文は実に多様です．この章では，順を追って一つ一つ比較の構文を検討していきましょう．

1. 形容詞の比較級規則形

構文144 más＋形容詞＋que ～

湖に面した部屋は，通りに面した部屋より料金が高い．

ヒント 湖に面する dar al lago　通りに面する dar a la calle

解説

▶形容詞 caro を優等比較級にします．ニュアンスは異なりますが，課題文の内容を劣等比較を使って訳すこともできます．

Las *habitaciones* que dan a la calle son **menos *caras* que** las que dan al lago.（通りに面した部屋は湖に面した部屋ほど**高くない**）

主語が優等比較の場合と逆になっています．優等比較は形容詞の意味を強め，劣等比較は形容詞の意味を否定的に強める（より～でない）わけです．

▶形容詞ですので修飾する名詞と性・数一致します．解答例では caro が habitaciones に一致して caras となっています．

解答例

Las habitaciones que dan al lago son **más caras que** las que dan a la calle.

練習問題

1）電車のほうがバスより快適（cómodo）です．

2）体育館（el gimnasio）は図書館（la biblioteca）よりも古い（viejo）建物です．

3）外交関係（las relaciones diplomáticas）は通商関係と同じぐらい大事（importante）です．

2. 形容詞の比較級不規則形

構文 145 mejor / peor que ~

この春発売される冷蔵庫は，これまでの製品よりすぐれている.

ヒント 発売される ponerse a la venta　冷蔵庫 la nevera, el frigorífico　よりすぐれている mejor（bueno の比較級）

解説

▶ más を使って優等比較にするのではなく，不規則な比較級をもっている形容詞があります.

bueno（よい）→ **mejor**　　malo（悪い）→ **peor**

grande（大きい）→ **mayor**　　pequeño（小さい）→ **menor**

mejor, peor, mayor, menor は数変化をします. また grande と pequeño の規則形（más grande, más pequeño）は形のあるものの比較に使います. mayor, menor は人について用いる場合，それぞれ「年上の」「年下の」の意味になります.

Soy **mayor** que tú.（私は君より**年上**だ）

解答例

El frigorífico que se pone a la venta esta primavera es **mejor que** los anteriores.

練習問題

1）タクシーに乗るより歩いて（a pie）行ったほうが健康によい.

2）人をだます（engañar）のはだまされる（ser engañado）よりも悪いことです.

3）僕の兄はエンリケより年下です.

構文146 más＋形容詞＋de lo que ～

私の今回のメキシコ旅行は期待以上に楽しかった.

ヒント 期待した以上に más ～ de lo que yo esperaba　楽しい divertido

解説

▶比較の対象が「期待していたよりも」と動詞を含むような場合は〈más ＋形容詞・副詞 + de lo que ～〉の構文を使います. 次の例文を見て使い方を確認してください.

Este ordenador personal es **más** barato **de lo que me imaginaba.**
（このパソコンは**思っていたより**安い）

El director comercial es mucho **más** listo **de lo que parece**.
（営業部長は**見かけより**ずっと賢い）

▶ de lo que の部分は del que, de la que となる場合もあります.

Durante las vacaciones hizo mejor tiempo **del que** esperábamos.
（休暇中は, 私たちが**期待していたより**良い天気だった）

▶課題文は同等比較級を使って resultó tan divertido como yo esperaba と訳すこともできます.

解答例

Mi último viaje a México resultó **más divertido de lo que yo esperaba.**

練習問題

1）先日の地震の被害は私たちが想像していた以上に深刻（grave）です.

2）この池（el estanque）は見かけよりずっと深い.

3）この機械翻訳ソフト（el programa de traducción automática）は予想以上に実用的（práctico）です.

3. 形容詞の最上級

構文 147 形容詞の最上級

マルティン氏はこの会社で最古参の社員です.

ヒント 最古参の社員→最も古い社員 el empleado más antiguo

解説

▶「(〜の中で) 最も〜な」(最上級) の意味を表すには, 優等比較級もしくは劣等比較級になっている形容詞に定冠詞か所有詞をつけます. つまり, 規則的な比較級の場合は〈el/la/su... + 名詞 + más/menos + 形容詞 + de 〜〉の形に, 不規則な比較級の場合は〈el/la/su... + mejor/peor/mayor/menor + 名詞 + de 〜〉の構文になります. 具体例を挙げましょう.

una ciudad **cara** (物価の高い都市)

→ una ciudad **más cara** que Tokio (比較級)
(東京**より物価の高い**都市)

→ la ciudad **más cara** del mundo (最上級)
(世界で**最も物価の高い**都市)

解答例

El señor Martín es **el empleado más antiguo de esta compañía**.

練習問題

1) 信濃川は日本で最も水量の多い (caudaloso) 川です.

2) スペイン語を学ぶ最良の (el mejor) 方法 (método) は何でしょうか?

3) 火はビルの上層階に達した. (pisos altos を最上級に)

構文148 uno de los＋形容詞の比較級

サッカーは日本で最も人気のあるスポーツの一つです.

ヒント サッカー el fútbol　人気のあるスポーツ el deporte popular

解説

▶〈uno de **los＋形容詞の比較級**〉（太字は形容詞の最上級）の形で「最も～な～の一つ」という意味になります. 実例を見てください.

el deporte **más** popular （最も人気のあるスポーツ）

los deportes **más** populares（複数）（最も人気のあるスポーツ）

uno de los deportes **más** populares （最も人気のあるスポーツの一つ）

性の一致に注意してください. 後ろにくる名詞が女性名詞ならば una de las... となります.

una de las ciudades **más** bellas （最も美しい町の一つ）

解答例

El fútbol es **uno de los deportes más populares** en Japón.

練習問題

1）ドン・キホーテ（*El Quijote*）はスペイン文学で最も有名な小説の一つです.

2）この通りは渋谷で最もにぎわっている（animado）通りの一つです.

3）コスタ・デル・ソル（La Costa del Sol）は最も外国人観光客が訪れる地域の一つである.

4. 名詞の比較級

便宜上，名詞の比較級という用語を用いましたが，名詞は形容詞や副詞と違ってその程度を強調することはできません．ここでは数量的な比較を問題にしています．次の三つの構文を覚えてください．

〈**más** + **名詞** + que ～〉　（～よりもっとたくさんの）

〈**tanto**（**-os, -a, -as**）+ 名詞 + como ～〉　（～と同じ位たくさんの）

〈**menos** + **名詞** + que ～〉　（～よりもっと少しの）

más と tanto は形容詞 mucho のそれぞれ不規則な優等比較級と同等比較級で，menos は形容詞 poco の不規則な優等比較級です．いずれも名詞を数量的に形容するので，「もっとたくさんの～」「もっと少しの～」と言いたいときにこの構文を使います．

コラム　品質形容詞と分類形容詞

品質形容詞が修飾する名詞の特徴を表すのに対して，分類形容詞（→p.69 コラム）は修飾する名詞を分類するだけの意味機能しか果たしませんので，そこから文法的なふるまいに違いが生じてきます．その一つに程度表現を許容するか否かがあります．分類形容詞は名詞の特徴を示さないので，muy, bastante などの程度を示す副詞による修飾はできません．ということは当然比較級にすることもできません．

たとえば名詞 padre には分類形容詞 paterno（父親の）と品質形容詞 paternal（父親らしい）があります．paterno は muy をつけることができませんが，品質形容詞の paternal は muy をつけることができます．次の例を見てください．

abuela paterna　（父方の祖母）

→　× abuela muy paterna　（? とても父方の祖母）

carácter paternal　（父親らしい性格）

→　carácter muy paternal　（とても父親らしい性格）

paterno と paternal は別の語ですが，同じ形容詞が分類形容詞と品質形容詞を兼ねる場合もまれではありません．económico は「経済の」という意味では分類形容詞として，「経済的な（お買い得な）」という意味では品質形容詞として使われます．

actividades **económicas**　（**経済**活動）　［分類形容詞］

precio **económico**　（**経済的な**価格）　［品質形容詞］

構文149 más＋名詞＋que ～

僕は君たちよりずっと経験が豊富だ.

ヒント 経験がある tener experiencia　経験が豊富である→多くの経験がある tener mucha experiencia

---

解説

▶〈más + 名詞 + que ～〉の構文を使って tener más experiencia que ～とすると「～より経験が豊富である」という意味になります.〈tanto + 名詞 + como ～〉を使って tener tanta experiencia como ～ とすると「～と同じくらい豊富な経験がある」という意味になります.

▶解答例の mucha は名詞 experiencia と一致して más を強調しています. mucha más **experiencia** で「ずっと豊富な経験」の意味を表します.

解答例

Tengo **mucha más experiencia que** vosotros.

練習問題

1）ブラジルはチリよりずっと対外債務（deuda externa）が多い.

2）フェルナンデス氏はこの分野（el campo）では彼と同じく経験が豊富です.（tanto + 名詞 + como ～）

3）現在では動画のほうが映画より受けている.（tener aceptación を比較級に）

構文 150 mayor ＋ 名詞 ＋ que ～

その映画監督の最新作は前作を上回る成功をおさめた.

ヒント 映画監督 el[la] director[tora] de cine　フィルム la película　前作 la (película) anterior　成功する tener éxitos

解説

▶ más, menos は多い・少ないという多寡の概念を示しましたが，抽象的な大小の概念（「責任」「重要性」など）を問題にするときは〈mayor(es) ＋ 名詞 ＋ que ～〉（～より大きな）と〈menor(es) ＋ 名詞 ＋ que ～〉（～より小さな）の構文を使います．mayor は形容詞 grande の不規則な比較級で，menor は形容詞 pequeño の不規則な比較級です．

▶「前作を上回る成功」は tener **grandes** éxitos（大成功をおさめる）を tener **mayores** éxitos que ～（～より大きな成功をおさめる）と言い換えて訳すことができます．

解答例

La última película dirigida por ese director de cine ha tenido **mayores éxitos que** la anterior.

練習問題

1）部長は部下（el subordinado）よりも大きな責任を担っている．

2）円高（la apreciación del yen）で輸出部門の損失（la pérdida）は前年を上回った．

3）バスの乗客の輸送力は列車より劣る．

5. 副詞の比較級

構文151 más＋副詞＋que 〜

姉は僕よりも早起きです.

ヒント 姉 la hermana mayor　早起きする levantarse temprano

解説

▶副詞の規則的な比較級と不規則な比較級の作り方を hablar を修飾する副詞の例で確認してください.

hablar **deprisa**	→	hablar **más deprisa** que 〜	(より速く)
hablar **despacio**	→	hablar **más despacio** que 〜	(よりゆっくり)
hablar **bien**	→	hablar **mejor** que 〜	(より上手に)
hablar **mal**	→	hablar **peor** que 〜	(より悪く)
hablar **mucho**	→	hablar **más** que 〜	(よりたくさん)
	→	hablar **tanto** como 〜	(同じぐらいたくさん)
hablar **poco**	→	hablar **menos** que 〜	(より少なく)

▶副詞 mucho だけが不規則な同等比較形 (tanto) を持っています.

▶解答例は levantarse **temprano** の副詞 temprano が比較級 **más temprano** になっています.

解答例

Mi hermana mayor se levanta **más temprano que** yo.

練習問題

1) 君は小鳥よりも早起きだ. (levantarse temprano を比較級に)

2) 今度の食洗機 (el lavavajillas) は以前持っていたものよりもよく汚れが落ちる. (limpiar bien を比較級に)

3) 車検 (la revisión técnica) に出してから車の調子が以前より悪くなった. (funcionar mal を比較級に)

6. 副詞の最上級

構文 152 副詞の最上級

我が社では社長が一番早く出社します.

ヒント 社長 el[la] director[tora] general　早く temprano　出社する llegar a la oficina

解説

▶副詞には固定した最上級の形式がありませんが,〈ser... 定冠詞 + que + 動詞 + 比較級〉と〈比較級 + que + 否定語〉の二つが副詞に最上級の意味を与える構文として使われます. 具体例で使い方を確認しましょう. 最初の比較級と下の二つの文を比べてみてください.

El director llega a la oficina **más temprano que yo**.（比較級）
（部長は**私より早く**出社する）

El director **es el que llega** a la oficina **más temprano de todos**.
（部長が**皆の中で最も早く**出社する人です）

El director llega a la oficina **más temprano que *nadie***.
（部長は**誰よりも早く**出社する）

解答例

1. En nuestra compañía es el director general **el que** llega **más temprano** a la oficina.
2. [...] el director general llega a la oficina **más temprano que nadie.**

練習問題

1）マラガ (Málaga) はこの町で一番おいしい (comer bien) レストランです.
2）私の父は誰よりも早く起きる (levantarse temprano).
3）世界中のどの町より私はこの町が気に入っています.

7. 比較の構文の応用

構文153 No hay＋否定語＋más＋形容詞＋que ～

満開の桜ほど美しいものはない.

ヒント 満開の en plena floración　桜 el cerezo　～ほど美しいものはない No hay nada más bello que～, No hay nada tan bello como～

解説

▶「～ほど～なもの・こと・人はない」のような比較の概念は，否定語（nada, nadie, ningún など）と比較級の組み合わせで表すことができます．〈No hay＋否定語＋más＋形容詞＋que ～〉と〈No hay＋否定語＋tan＋形容詞 ＋como ～〉を使えるようにしてください．

▶ haber 以外の動詞を使うこともできます．

No *conozco* nada más bello que los cerezos en plena floración.
（私は満開の桜**ほど美しいものを知りません**）

形容詞 bello が修飾する語句が否定語 nada なので，最上級的な意味になります．

解答例

1. **No hay nada más bello que** los cerezos en plena floración.
2. **No hay nada tan bello como** los cerezos en plena floración.

練習問題

1）外国で言葉がわからないことほどつらい（duro）ことはない．
2）パーティーで彼女ほどエレガントな女性は誰もいなかった．
3）私は沖縄の浜辺（la playa）ほど美しい浜辺を知りません．

構文154 No hay nada mejor que ～

のどが渇いているときはコップ一杯の冷たい水にまさるものはない.

ヒント（とても）のどが渇く tener（mucha）sed　コップ一杯の（冷たい）水 un vaso de agua（fresca）

解説

▶ bueno, malo, grande の不規則な比較級と否定語を組み合わせた構文を覚えましょう.

〈No hay nada mejor que ～〉（～ほど良いものはない）

〈No hay nada peor que ～〉（～ほど悪いことはない）

〈No hay mayor + 抽象名詞 + que ～〉（～ほど大きな～はない）

▶課題文の「まさるものはない」は「より良いものはない」と考えて最初の構文で言い表すことができます.

解答例

No hay nada mejor que un vaso de agua fresca cuando tenemos mucha sed.

練習問題

1）蒸し暑い（el calor bochornoso）ときによく冷えた一杯のビール（una cerveza bien fría）ほどうまいものはありません.

2）肉体の疲労を回復する（recuperarse）のに睡眠にまさるものはありません.

3）最後の数分で試合に負けるほどこたえることはない.

155 構文 155

構文155 no ～ tanto ＋ 名詞 ＋ como …

日本人は以前，今日ほどたくさんのスポーツをしなかった.

ヒント 以前 antes　今日（こんにち）hoy（en）día　スポーツをする practicar deporte

解説

▶同等比較級を否定形にした構文には次の構文があります.

〈no ～ tan + 形容詞・副詞 + como…〉（…ほど～ではない）

〈no ～ tanto + 名詞 + como…〉（…ほどたくさんの～はない）

〈no + 動詞 + tanto como…〉（…ほどたくさん～してはない）

名詞を修飾する tanto は，修飾する名詞の性・数に応じて性・数変化をします．具体例を見てください.

Mi viaje a México **no fue tan divertido como** esperaba.
（私のメキシコ旅行は期待していた**ほど楽しくなかった**）

Pablo **no tiene tanta experiencia como** dice.
（パブロは言っている**ほど経験があるわけではない**）

No estudio tanto como tú crees.
（君が思っている**ほど僕は勉強はしていない**）

解答例

Antes los japoneses **no** practicaban **tantos deportes como** hoy en día.

練習問題

1）私のスペイン旅行は期待していたほど楽しくなかった.

2）部長になったのであれば，彼は見かけほどは若くないにちがいない.

3）グラナダはマドリードほどたくさん人がいない.

構文156 el + 名詞 + que más + 動詞

スペインで最も盛んなスポーツはサッカーです.

ヒント 盛んな popular　スポーツ el deporte　サッカー el fútbol

解説

▶「最も/一番〜するのは」は〈el/la/los/las + 名詞 + que **más** + 動詞〉もしくは〈lo que **más** + 動詞〉の構文で訳すことができます.

▶ más を menos に置き換えると「最も/一番〜しないのは」の意味になります.

Lo que menos le **perdono** es su actitud arrogante.
（私が彼を**最も許せないのは**彼の傲慢な態度です）

▶「最も盛んなスポーツ」は el deporte más popular/practicado と言うこともできます. 解答例では動詞 practicar を使って「**最もたくさん行われている**スポーツ」と訳してあります.

解答例

El deporte que más se practica en España es el fútbol.

練習問題

1）私が冬に最もしたいことはスキーをすることです.

2）スペインの学生が一番習いたい外国語は英語です.

3）日本を一番訪れる外国人観光客は中国人（los chinos）です.

構文157 cuanto＋比較級，比較級

コンピューターは新しければ新しいほど速く動きます．

ヒント コンピューター el ordenador, la computadora　速く動く funcionar rápido

解説

▶「～であれば～であるほど～です」は〈cuanto＋比較級，(tanto)＋比較級〉の構文で訳すことができます．比較級の部分は，規則的な場合（más/menos＋形容詞・副詞）と，不規則の場合（mejor, peor, más, menos など）があります．

▶解答例は，

El ordenador es **moderno**.　（コンピューターは**新型**だ）

El ordenador funciona **rápido**.　（コンピューターは**速く**動く）

の太字部の moderno と rápido を比較級にして，動詞の前におきます．その際 cuanto と tanto を比較級の前につけるわけです．tanto は省略可能です．

解答例

Cuanto más moderno es el ordenador, (**tanto**) **más rápido** funciona.

練習問題

1）私は冬は寒ければ寒いほど好きです．

2）先生が説明すればするほど，ますますわからなくなる．

3）年をとればとるほど，物忘れがひどくなるものです．

構文 158 tanto + 比較級 ～ cuanto que + 直説法

ラウルは入学試験に合格するとは思っていなかっただけに，合格できてなおさら嬉しい.

ヒント 入学試験に合格する aprobar el examen de ingreso

解説

▶〈tanto + 比較級 ～ cuanto que + 直説法〉は「～だけになおさら～です」という意味を示します．cuanto que 以下で導かれる内容が，主節で述べられる内容を強調する理由になっています.

▶解答例の no **lo** esperaba の lo は「試験に合格すること」を指す対格代名詞の中性形です.

解答例

Raúl está **tanto más contento** de haber aprobado el examen de ingreso **cuanto que** no lo **esperaba**.

練習問題

1）長いこと楽しみにしていた映画だっただけに，見逃してしまってよけい残念です.

2）今年はボーナス（la gratificación）はないと思っていただけに，貰えて嬉しい.

3）この問題は新しい現象でないだけに余計深刻（grave）です.

構文159 cada vez＋比較級

近年，環境保護の面から風力発電に対する関心がだんだんと高まっている．

ヒント 環境保護の面から→環境を保護するために para proteger el medio ambiente 風力発電 la generación de energía eléctrica por el viento 関心が高まる crecer el interés, hacerse intenso el interés

解説

▶「だんだん〜に」「ますます〜な」は〈cada vez＋比較級〉で訳すことができます．具体例を見てください．

Hoy día **cada vez** se exige **mayor conocimiento** de la computadora.
（今日では**ますます**コンピューターの**知識**が要求される）

▶ cada は año, mes, semana, día などと組み合わせて使うこともできます．

Hay ***cada año*** **más jóvenes** que van al extranjero a estudiar.
（海外に留学する若者が**年々**増えている）

Cada día se enrojecen **más** las hojas de los árboles en otoño.
（秋は**日毎に**木々の葉が紅葉してくる）

解答例

En los últimos años crece **cada vez más** el interés por la generación de energía eléctrica por el viento para proteger el medio ambiente.

練習問題

1）だんだんと手書きの手紙を受け取ることが少なくなってきました．

2）不況で仕事を見つけるのがますますむずかしくなってきています．

3）現内閣（el actual gabinete）の支持率（la popularidad, el índice de popularidad）がだんだん下がってきている．

構文160 no ＋ 動詞 ＋ más que ＋ 名詞句・不定詞句

私は帰宅したらソファーに横になってテレビを見るだけです.

ヒント 帰宅する llegar/volver/regresar a casa　ソファーに横になる tumbarse en el sofá　〜しかしない no hacer más que + 不定詞句

解説

▶「〜しか〜ない」は〈no + 動詞 + más/sino que + 名詞句・不定詞句〉を使います. 類似の構文に〈no + 動詞 + otro + 名詞 + que 〜〉があります. 両者の構文の違いを次の例文で理解してください.

No hago **más que** ver la televisión.
(私はテレビを見ること**しかしない**)

No hago **otra cosa que** ver la televisión.
(私はテレビを見る**以外他のことはしない**)

No tengo **más que** diez euros.
(私は10ユーロ**しか**持ってい**ない**)

No tengo **otro pariente que** mi tía.
(私には伯母**以外**に親戚は**いません**)

解答例

Cuando llego a casa, **no hago más** [**otra cosa**] **que tumbarme** en el sofá y ver la tele.

練習問題

1）選挙に勝つことしか考えていない政治家がたくさんいます.

2）私の父はクラシック音楽しか聴きません.

3）彼には祖父しか親戚がいません.

161 構文 161

構文161 lo＋比較級＋posible

できるだけ処理能力の速いコンピューターを買うことを君に薦めます.

ヒント できるだけ処理能力の速い funcionar lo más rápido posible

解説

▶「できるだけ～」は〈lo + 比較級 + posible〉で表せます. 不規則な比較級を除けば〈más + 形容詞・副詞〉が最も使われますので,〈lo más + 副詞・形容詞 + posible〉が代表的な形と言えます. posible は無変化です.

Las cartas deben ser **breves.** （短い）

Las cartas deben ser **más breves.** （もっと短い）

Las cartas deben ser **lo más breves posible.** （できるだけ短い）

▶副詞の例も見ておきましょう.

Habla **despacio.** （ゆっくり）

Habla **más despacio.** （もっとゆっくり）

Habla **lo más despacio posible.** （できるだけゆっくり）

解答例

Te aconsejo que te compres un ordenador que funcione **lo más rápido posible**.

練習問題

1）できるだけ新しいモデルを買うことを君に薦めます.

2）君はできるだけ早くホテルに到着しなければなりません.

3）私たちはできるだけ詳細な報告書を書かなければなりません.

構文162 動詞＋lo menos posible

私はなるべく時間を無駄にしないようにします.

ヒント 時間を無駄にする perder el tiempo, なるべく時間を無駄にしない→できるだけ最小限に時間を無駄にする perder el tiempo lo menos posible

解説

▶ 文脈によって表現を使い分けなければならない日本語に,「なるべく」があります.「なるべく～しない」と否定文の場合は, スペイン語で〈動詞 + lo menos posible〉で訳すことができます. 用例を見てください.

hablar **lo menos posible** （なるべく話さない）

sufrir **lo menos posible** （なるべく苦しまない）

▶ procurar no perder el tiempo とすると「時間を無駄にしないように努める」となって,「なるべく」をうまく表現できません.

解答例

Procuraré **perder el tiempo lo menos posible.**

練習問題

1）最近太ってきたので, 私はなるべく体重を量らないようにしています.
2）医師は患者がなるべく苦しまないように心がけます.
3）大気をなるべく汚染しないような自動車の開発が待たれています.

構文163 No hay más que＋不定詞句

全自動洗濯機では洗剤を入れて，ボタンを押すだけで洗濯できます.

ヒント 全自動洗濯機 la lavadora automática　洗濯する hacer la colada［スペイン］, lavar la ropa　洗剤を入れる echar detergente　〜するだけでよい No hay más que + 不定詞句

解説

▶比較級を使った慣用表現をいくつか覚えましょう.

〈no tener más que + 不定詞句〉と〈No hay más que + 不定詞句〉は「〜しさえすればよい/するだけでよい」という意味ですが tener の場合は主語に応じて活用します.

No tiene más que pulsar este botón para apagar el aparato.
（機械のスイッチを切るにはこのボタン**を押すだけでよい**）

▶「〜するよりほか仕方がない」は次の表現を使います.

〈no tener más remedio que + 不定詞句〉
〈No hay más remedio que + 不定詞句〉
〈no quedarle a alguien más remedio que + 不定詞句〉

解答例

No hay más que echar detergente y **apretar** el botón para hacer la colada［lavar la ropa］con la lavadora automática.

練習問題

1）空港に着いたら，私に電話をくれるだけでいいんです.
2）最終電車が行ってしまったので，私たちはタクシーで家に帰るしか仕方がありません.
3）親知らず（la muela del juicio）が痛むので，私は歯医者に行くしか仕方がありません.

8. 数字を含む比較表現

構文164 序数詞＋最上級

バイカル湖は透明度が世界第2位の湖です.

ヒント バイカル湖 El（lago）Baikal　透明な transparente　透明度が世界第2位の（湖）el segundo（lago）más transparente del mundo

解説

▶序数と最上級を組み合わせる構文です. 形容詞の最上級は「定冠詞＋比較級」ですが, その定冠詞の直後に序数詞（segundo, tercero など）をつけると「第何番目の～」という意味を表すことができます.「世界で最も透明な湖」は el lago más transparente del mundo ですが, lago の前に序数詞を加えて el **segundo** lago... とすると「世界で第二番目に透明な湖」になります.

▶他の例をいくつか示しておきます.

la **cuarta** empresa más grande del mundo
（世界で**4番目**に大きな企業）

la **tercera** prefectura más rica de Japón
（日本で**3番目**に裕福な県）

解答例

El Baikal es **el segundo lago más transparente** del mundo.

練習問題

1）B新聞は発行部数（la tirada）では世界第3位の新聞です.

2）マドリードは緑地帯の数が世界で2番目に多い町です.

3）我が社は従業員数（el número de empleados）では世界第3位の企業である.

構文165 数量表現＋比較級

液晶画面のテレビはこれまでのテレビより10万円位高い.

ヒント 液晶画面 la pantalla de cristal líquido　これまでの convencional

解説

▶比較級の直前に数量を示す語句をつけ加えて〈数量表現 + 比較級〉の形にすると数量的な比較を表すことができます．たとえば「ペドロはフアンより4歳年上です」は,

Pedro es **cuatro años** mayor que Juan.

となります.

▶倍数を示すときは，dos veces（2倍），tres veces（3倍）などを比較級の前に置きます.

El monte Fuji es **dos veces** más alto que este monte.
（富士山はこの山の**2倍の**高さだ）

解答例

El televisor con pantalla de cristal líquido es **unos cien mil yenes más caro que** el televisor convencional.

練習問題

1）僕は妻より10センチ背が高い.

2）このスキャナー（el escáner）はそちらのより2万円値段が高い.

3）君の家の庭は僕のところの2倍の広さだ.

練習問題解答例

第2章　名詞句・不定詞句・名詞節構文

構文1（*p. 14*）

1）En Japón aumenta el envejecimiento de la población.

2）En los últimos años aumenta el número de personas contagiadas del virus de la hepatitis C.

3）El tren bala *Nozomi* con destino a Hakata salió a las nueve en punto.

構文2（*p. 15*）

1）La isla de Pascua pertenece a Chile.

2）La formación del gobierno corresponde al primer ministro.

3）Él se parece mucho a su padre.

構文3（*p. 16*）

1）A él le tocó el premio gordo de la lotería.

2）A mi hijo le quedan todavía cinco días de vacaciones.

3）A mi madre le faltan varias muelas.

構文4（*p. 17*）

1）España contará en 2025 con una población superior a cincuenta millones de habitantes.

2）La sociedad japonesa se enfrenta a un creciente aumento de la población de tercera edad.

3）Mis vacaciones de verano no coinciden con las de mi esposa.

構文5（*p. 18*）

1）Ellos quedaron en reunirse de nuevo el mes siguiente.

2）Ella se decidió a salir de viaje a dar la vuelta al mundo.

3）Los turistas no se atreven a ir a países con poca seguridad ciudadana.

構文6（*p. 19*）

1）El Dr. Shirakawa se enteró por la llamada telefónica de un periódico de que le habían concedido el premio Nobel de Química.

2）Me acuerdo de que ese parlamentario cambió de partido varias veces.

3）La gente de los países desarrollados se olvida de que todavía hay mucha gente que padece el hambre.

構文7（*p. 20*）

1）Me alegro mucho de que hayas venido a verme.

2）Espero a que me concedan el visado［la visa］de estudiante.

3）Me opongo a que el ayuntamiento autorice la construcción de una planta de tratamiento de basura sin llegar a un acuerdo con los vecinos.

構文8（*p. 21*）

1）La Constitución de Japón difiere de las de otros países en la renuncia a la guerra.

2）Pedro sobresale de entre mis alumnos por su capacidad retentiva.

3）El director financiero se sirvió de su larga experiencia en el cargo para superar la crisis financiera de la empresa.

構文9（*p. 22*）

1）García Márquez ganó el premio Nobel de Literatura en 1982.

2）Ramón pasó la tarde del domingo viendo la televisión.

3）El Senado holandés aprobó en abril del año 2001 el proyecto de ley que legaliza la eutanasia activa.

構文10（*p. 23*）

1）Ambos dirigentes intentan llegar a un acuerdo sobre el tratado de paz.

2）El gobierno proyecta crear un nuevo sistema de pensiones para los jubilados.

3）Siento haber llegado tarde.

構文11（*p. 24*）

1）El ministro de Finanzas ha manifestado que el país pedirá un préstamo al Banco Mundial para salir de la crisis financiera.

2）La Agencia Meteorológica señaló que el fenómeno de El Niño está causando anormalidades climáticas a nivel mundial.

3）El primer ministro afirma que nuestro país puede superar la crisis financiera.

構文12（*p. 25*）

1）Deja que te invite a una cerveza.

2）La mayoría del pueblo espera que el gobierno siga con la búsqueda de personas desaparecidas.

3）Quiero que me expliques lo que pasó con el mayor detalle posible.

構文13（*p. 26*）

1）Sus padres le regalaron a ella un perro en su cumpleaños.

2）El jefe me comunicó la noticia de mi ascenso.

3）El exceso de trabajo no le deja tiempo libre.

構文14（*p. 27*）

1）El nuevo horario de trenes me permite ir al trabajo en menos de una hora.

2）La liberalización financiera nos permite pagar en divisas en el mercado nacional.

3）El médico le prohíbe a mi padre fumar y beber.

構文15（*p. 28*）

1）Los especialistas advierten a las autoridades competentes que el uso del teléfono móvil〔celular〕durante la conducción puede provocar un notable aumento de accidentes de tráfico.

2）En la Secretaría me dijeron que el plazo de solicitud de beca ya había finalizado.

3）Te aseguro que esta película es muy buena. Lleva más de medio año en la cartelera.

構文16（p. *29*）

1）El médico le aconsejó al paciente que dejara de fumar y beber.

2）El director comercial les ordenó a sus subordinados que prepararan las mercancías lo antes posible.

3）Te agradezco que me hayas ayudado.

構文17 (*p.30*)

1) El fiscal acusó al funcionario de malversación de fondos públicos.
2) Ningún poder puede privar a nadie de la libertad de dejar errar la imaginación.
3) He invertido medio millón de yenes en la compra de un ordenador personal.

構文18 (*p.31*)

1) Los pescadores amenazaron al gobierno con suspender sus actividades pesqueras.
2) Los complejos pueden llevar a los adolescentes a la depresión [a caer en la despresión].
3) ¿Puedes ayudarme a pintar las paredes de mi piso [departamento]?

構文19 (*p.32*)

1) Los electores consideran normal la destitución de parlamentarios corruptos.
2) El ministro de Justicia considera [estima] necesaria la reforma de la Ley del Menor.
3) Considero indispensable la construcción del ascensor en el andén de esta estación.

構文20 (*p.33*)

1) Considero un despilfarro de energía dejar el aire acondicionado encendido todo el día.
2) El primer ministro estimó inoportuno subir el impuesto sobre el consumo antes de las elecciones generales.
3) La mayor parte de los desempleados considera insuficientes las nuevas medidas contra el desempleo adoptadas por el gobierno.

構文21 (*p.34*)

1) Considero un despilfarro de energía que ustedes tengan encendidas las luces del pasillo toda la noche.
2) Considero una descortesía que no invites a tus parientes al banquete de boda.
3) Considero una locura que te gastes tanto dinero en el móvil.

構文22（*p.35*）

1）El presidente del partido gubernamental se mostró contento de los resultados de las elecciones para la Cámara Alta.

2）Los partidos de la oposición se declararon en contra de la reforma constitucional.

3）Los padres se creen responsables de la delincuencia de su hijo.

構文23（*p.36*）

1）Estoy seguro de que lloverá mañana.

2）Estoy convencido de que es mejor desistir de este proyecto.

3）El nuevo presidente es consciente de que el restablecimiento de la economía es el asunto ［objetivo］ primordial para el país.

構文24（*p.37*）

1）Ella se siente ［está］ muy satisfecha de haber ganado el primer premio en el concurso oratorio del español.

2）Estamos hartos de que haya tantas escenas de violencia en el cine actual.

3）Los *fans* japoneses del béisbol están ［se sienten］ orgullosos de que haya jugadores japoneses que consigan éxitos en las Grandes Ligas.

構文25（*p.39*）

1）No tengo la costumbre de tomar café después de comer.

2）Según van transcurriendo las horas, se reducen las posibilidades de encontrar con vida a los desaparecidos.

3）La idea de poder ir a España la anima a estudiar español con más ahínco que antes.

構文26（*p.40*）

1）Me impide dormir la idea de que mañana tengo que presentarme a las oposiciones.

2）Corre el rumor de que el primer ministro presentará su dimisión antes de fin de mes.

3）Existen indicios de que la gripe va a propagarse este invierno.

構文27（*p.41*）

1）Ese pianista tuvo la oportunidad de que le enseñaran grandes maestros

del mundo.
2）El hecho de que haya demasiada gente hace desagradable vivir en Tokio.
3）Al padre lo enfurece el hecho de que su hija no acepte un trabajo con buenas condiciones.

構文28（*p. 43*）
1）¿No sienten olor a quemado?
2）El Gobierno japonés tiene que encontrar lo más pronto posible una solución al conflicto pesquero con Rusia.
3）Tengo mucha manía［aversión］a los reptiles.

構文29（*p. 44*）
1）Su conducta es contradictoria con lo que dice［con sus palabras］.
2）La biblioteca municipal no cuenta con aquellos libros considerados contrarios a la moral.
3）Bolivia es un país abundante en recursos minerales.

第3章　主格不定詞句・主格名詞節構文

構文30（*p. 47*）
1）Es mejor tomar el metro que coger un taxi en las horas punta.
2）Es aconsejable escuchar la opinión de un experto en cualquier asunto.
3）Es todavía prematuro afirmar que ha comenzado a recuperarse la tasa de natalidad.

構文31（*p. 48*）
1）Es un engorro tener que hacer tantos transbordos para ir al trabajo.
2）Para mí es un desperdicio de dinero jugar a la lotería.
3）Es un pecado tirar tanta comida a la basura.

構文32（*p. 49*）
1）Es cierto que nuestro país atraviesa por una grave crisis financiera.
2）Es indudable que las emisiones de dióxido de carbono a la atmósfera tienen mucho que ver con el efecto invernadero de la Tierra.

3) Es evidente que el espectacular desarrollo de los sistemas de comunicación ha cambiado mucho nuestra vida cotidiana.

構文33 (*p. 50*)

1) Es mejor que vayamos a pie hasta el ayuntamiento 〔el consistorio, la municipalidad〕.
2) Es importante que el gobierno haga esfuerzos para aumentar la tasa de alfabetización.
3) Es inútil que le hable. Hoy está de mal humor.

構文34 (*p. 52*)

1) Es un pecado que acompañes esta carne de calidad con cerveza.
2) Es una pena que se construyan edificios modernos en el casco antiguo de la ciudad.
3) Es un pecado que usted no visite Kioto viniendo a Japón.

構文35 (*p. 55*)

1) Lo básico para los que padecen la polinosis es cortar el contacto con el polen.
2) Lo urgente es crear una sociedad de reciclaje en la que se pretende reducir la producción de basura.
3) Lo importante en caso de urgencia es no perder la serenidad 〔calma〕.

構文36 (*p. 56*)

1) Lo urgente es que el Estado tome algunas medidas en favor de los desempleados de largo tiempo.
2) Lo malo es que los ingresos originados por el turismo no van destinados a mejorar las instalaciones turísticas.
3) Lo cierto es que este proyecto no lleva buen rumbo.

構文37 (*p. 57*)

1) No me gusta mucho viajar en avión.
2) A ella le urge terminar esta traducción.
3) Me agrada jugar al tenis con vosotros.

構文38 (*p. 58*)

1) A mi padre no le gusta que lo llamemos por teléfono a la oficina.

2）A cualquier persona le conviene que haya paz en el mundo.
3）Me consta que ella gana buen sueldo.

構文39（*p.* 59）
1）Me cansa comer siempre pan.
2）Me alegra mucho poder ir a Machu Picchu.
3）A mi hija la asusta la oscuridad.

構文40（*p.* 60）
1）Me ha sorprendido que el alquiler de tu piso sea tan caro. / Me ha sorprendido lo caro que es el alquiler de tu piso.
2）Me alegra que mi padre haya dejado de fumar.
3）Me preocupa que aumente el número de desempleados con la reestructuración de las empresas.

第4章　関係節

構文41（*p.* 66）
1）Al comenzar las vacaciones de verano, el aeropuerto de Narita está animado por los turistas que van de viaje al extranjero.
2）La compañía de transporte aéreo hizo un vídeo sobre ejercicios de relajación que pueden hacerse en el avión.
3）La firma Y anunció ayer una reducción de plantilla que afectará a entre 400（cuatrocientos）y 500（quinientos）empleados.

構文42（*p.* 67）
1）No se encontrarán medidas que resuelvan los atascos de circulación en las grandes ciudades.
2）Es necesario recetar medicamentos que no tengan efectos secundarios.
3）Los parlamentarios deben abstenerse de organizar fiestas de gran concurrencia que puedan levantar sospechas del pueblo.

構文43（*p.* 68）
1）Creo que no hay ningún piso［departamento］que esté en el centro, tenga un alquiler bajo y sea grande.

2）No conozco a ningún niño que quiera ser crítico cuando sea mayor.
3）A esta hora no hay ningún tren que vaya a Hakata.

構文44（*p. 70*）

1）El gobierno celebrará urgentemente una reunión en la que se discutirán las medidas preventivas para el dengue.
2）Por fin visité ayer el Museo del Prado del que tanto había oído hablar.
3）Esta es la pistola con la que se cometió el crimen.

構文45（*p. 71*）

1）Se oyó una explosión en el interior del edificio, del que empezó a salir humo.
2）Ricardo abrió el frasco, del que sacó unas píldoras.
3）Teresa aprobó las oposiciones, lo que agradó a sus padres.

構文46（*p. 72*）

1）Es mejor no importar lo que se puede producir en el país.
2）Los que hacen periódicamente ejercicio moderado no suelen tener 〔sufrir〕 hipertensión.
3）Lo que dijo el director general sorprendió a los empleados.

構文47（*p. 73*）

1）Hablan de muchos métodos para adelgazar, algunos de los cuales no los puedo recomendar como médico.
2）Debido al escape de gas producido en la fábrica siderúrgica, dieciséis personas fueron llevadas al hospital, dos de las cuales se encuentran en estado de inconsciencia.
3）Los bosques que están en el centro de la ciudad emiten aire fresco a altas horas de la noche, el cual disminuye la temperatura del ambiente.

構文48（*p. 74*）

1）Hay quienes creen que la economía de nuestro país está al borde de la quiebra.
2）No hay quien pueda engañarlo.
3）No habrá quien entienda lo que dice ese crítico.

構文49（*p. 75*）

1）Iwaki es una ciudad donde viven muchos refugiados procedentes de las zonas afectadas por la contaminación radiactiva.

2）Lo atropellaron al cruzar por una calle donde no había semáforo.

3）El restaurante “Edo” donde se reúnen japoneses se encuentra en el centro.

構文50（*p. 79*）

1）En muchas familias japonesas las esposas son las que administran la economía familiar.

2）Solo los japoneses son los que［quienes］comen “gobo”（lampazo o bardana）hasta cultivándolo.

3）Es mi coche el que está averiado.

構文51（*p. 80*）

1）Con la selección cubana es con la que quiere jugar la japonesa.

2）Con el alcalde es con quien queremos hablar.

3）Tiempo libre es lo que necesito ahora.

構文52（*p. 81*）

1）A las dos de la tarde del viernes 6 fue cuando ocurrió el terremoto.

2）Los martes y miércoles es cuando no trabajo. /
Son［Es］los martes y miércoles cuando no trabajo.

3）Mañana es cuando juegan Japón y Brasil.

構文53（*p. 82*）

1）En México es donde me gustaría vivir.

2）A las ruinas de Machu Picchu es a donde más quieren ir los turistas extranjeros.

3）Por el este es por donde sale el sol tanto en el hemisferio sur como en el hemisferio norte.

構文54（*p. 83*）

1）De la liquidación de deudas incobrables es de lo que más hablan últimamente en los círculos financieros.

2）De los momentos felices es de lo que me acuerdo con frecuencia.

3）Por hablar demasiado es por lo que el niño está castigado.

第5章　副詞節

構文55（*p.* 87）

1）Voy en coche al trabajo cuando llueve.

2）Lo mejor que se puede hacer cuando hace un calor bochornoso es tomar una cerveza bien fría.

3）Cuando se le termina el dinero, siempre encuentra algún amigo a quien apelar.

構文56（*p.* 88）

1）Cuando me preparaba la comida, sonó el teléfono. /
Sonó el teléfono cuando me preparaba la comida.

2）Mis padres se divorciaron cuando yo tenía diez años.

3）Afortunadamente encontré un nuevo trabajo cuando la empresa estaba al borde de la quiebra.

構文57（*p.* 89）

1）Cuando sonó el teléfono, él dormitaba en el sofá. /
Él dormitaba en el sofá cuando sonó el teléfono.

2）Cuando salí a la calle, ya era de noche.

3）El tren estaba lleno de pasajeros cuando ocurrió el accidente.

構文58（*p.* 90）

1）Cuando vuelva el director, le diré que usted quiere verlo.

2）Cuando hayas terminado los deberes, te dejo ver la tele.

3）¿Qué quieres ser cuando seas mayor?

構文59（*p.* 91）

1）Al pasar delante de la iglesia, encontramos a los novios saliendo de ella.

2）Al salir del túnel el tren, se extendía el Océano Pacífico a mano izquierda.

3）Ella dio un grito de alegría al encontrar su número en la lista de los aprobados.

構文60 (*p.* 92)

1) A la hora del descanso, suelo dar una vuelta por el parque Hibiya.
2) Los mayores de cincuenta años tienen dificultades a la hora de buscar trabajo.
3) Hay que actuar con prudencia a la hora de solucionar el problema de la violencia doméstica.

構文61 (*p.* 93)

1) El accidente ocurrió mientras el avión tomaba tierra en el aeropuerto. / El accidente ocurrió al aterrizar el avión en el aeropuerto.
2) Mientras encendía un cigarrillo, el poeta dijo que fumar no era bueno para la salud.
3) Mientras estuvo en la presidencia, este político restableció la economía del país.

構文62 (*p.* 94)

1) Los estudiantes se sienten menos tranquilos a medida que se acerca el fin de las vacaciones de verano.
2) Uno se siente menos activo a medida que se va haciendo mayor.
3) A medida que crecía, esa empresa perdía su carácter específico.

構文63 (*p.* 95)

1) Los atracadores del banco fueron detenidos por la policía horas después del delito.
2) Después de haberse probado vestidos durante una hora, esa señora al final no compró nada.
3) La apreciación del yen frente al dólar se acentuó después de que el primer ministro decidiera disolver la Cámara de Representantes.

構文64 (*p.* 96)

1) Al [A] poco de declararse un incendio en el centro comercial, acudieron varios coches de bomberos.
2) Al [A] poco de comenzar el partido, empezó a caer un chubasco.
3) Al [A] poco de terminar la guerra, empezaron a verse niños jugando en las calles de la ciudad.

構文65（*p. 97*）

1）En cuanto colgó el teléfono, salió precipitado de casa.

2）Tan pronto como vio entrar al presidente, se puso en pie［se levantó］con agilidad y le hizo una reverencia.

3）Se marchará de Tokio tan pronto como empiecen las vacaciones de verano.

構文66（*p. 98*）

1）Antes de marcharse de viaje, ella terminó de redactar el informe.

2）Me sorprendió el precio, porque, antes de que lo dijeran, yo le había echado unos doscientos euros.

3）Los trabajadores irán a la huelga antes de que se reanuden las negociaciones laborales entre la patronal y el sindicato.

構文67（*p. 99*）

1）Cada vez que voy a Hiroshima, suelo visitar el Museo Conmemorativo de la Paz.

2）Cada vez que se despertaba, el náufrago pensaba vagamente que todavía estaba con vida.

3）Cada vez que voy a Shinjuku, me sorprende que haya cambios en el ambiente.

構文68（*p. 100*）

1）Desde que se ha puesto de moda la cámara digital, apenas se venden cámaras de fotos convencionales.

2）Desde que se inauguró un gran centro comercial en la zona sur de la estación, la zona norte está menos concurrida que antes.

3）Desde que comenzó la pandemia de COVID-19, ha combiado por completo nuestro modo de vivir.

構文69（*p. 101*）

1）Los padres no dejan casarse al hijo hasta que no encuentre trabajo.

2）Usted no puede salir hasta que no le baje la fiebre.

3）Ella ejerció la abogacía durante largo tiempo hasta que la nombraron ministra de Justicia.

構文70 (*p. 102*)

1) Siempre que viene algún amigo, mi abuelo lo invita a jugar al ajedrez japonés.
2) Se pone muy nervioso siempre que tiene que viajar en avión.
3) Usted puede llamarme por teléfono siempre que tenga algún problema.

構文71 (*p. 104*)

1) **Por falta de fondos** el alcalde ha tenido que [se ha visto obligado a] renunciar a la construcción de la nueva biblioteca. または **La falta de fondos obligó** al alcalde a renunciar a la construcción de la nueva biblioteca.
2) Las autoridades policiales pusieron en libertad al presunto autor del secuestro **por falta de pruebas**. または **La falta de pruebas obligó** a las autoridades policiales a poner en libertad al presunto autor del secuestro.
3) El número de usuarios del móvil [celular] aumentó rápidamente **por la reducción de tarifas**. または **La reducción de tarifas provocó** el rápido aumento del número de usuarios del móvil [celular].

構文72 (*p. 105*)

1) A causa de la huelga de los pilotos he aplazado mi viaje a España.
2) La actriz falleció a [como] consecuencia de una sobredosis de somnífero(s).
3) El número de personas que acceden a la universidad sigue disminuyendo a causa de la caída de la natalidad.

構文73 (*p. 106*)

1) Debido al aumento del tráfico vial, se está agravando la contaminación atmosférica.
2) La falta de alimentos se debe [es debida] a los daños causados por la inundación producida este verano.
3) La caída de los precios de las hortalizas se debe [es debida] a la importación de hortalizas baratas del extranjero.

構文74 (*p. 107*)

1) Gracias a la *internet*, actualmente se puede hacer en casa reservas de los pasajes de avión, hoteles, etc.

2）Gracias a las abundantes aguas termales que tiene, muchos turistas visitan este pueblo durante todo el año.
3）La flota pesquera japonesa puede faenar en los caladeros del mundo gracias a los acuerdos de pesca.

構文75（*p. 108*）
1）Dado el interés que ha despertado la obra, se prevé que asistirá un público numeroso.
2）Dada la gravedad del caso, es preciso obrar con celeridad.
3）Dada la proximidad de la estación, este piso/departamento es una buena oferta.

構文76（*p. 109*）
1）El escritor tuvo que exiliarse al extranjero por razones ideológicas.
2）Muchos de los pisos nuevos disponen del portero automático por razones de seguridad.
3）Abandoné mi carrera universitaria por razones económicas.

構文77（*p. 110*）
1）Como aver fue un dia de mucho trabajo, hoy no voy a hacer nada.
2）Como no ha habido época en la que hubiera tantos ancianos, no tenemos buen ejemplo de vivir bien en la vejez［senectud］.
3）Como los municipios y vecinos tienen que sacrificarse, no está generalizada la recogida clasificada de basura de plástico.

構文78（*p. 111*）
1）Taro tiene que dedicar más tiempo al estudio del español, porque le cuesta aprender las conjugaciones de los verbos.
2）En el tren no había muchos pasajeros, porque era poco después del mediodía.
3）El colegio de médicos ha decidido extremar las precauciones, porque el virus de la gripe se transmite por vía aérea.

構文79（*p. 112*）
1）Si el número de accidentes de tráfico ha aumentado, es en parte porque las carreteras son malas y en parte porque se ha incrementado el número de coches.

2) Si el número de muertos por accidentes de tráfico ha llegado a superar los diez mil al año, principalmente es porque se ha incrementado el número absoluto de coches que circulan en las calles [carreteras]. / Si cada año mueren más de diez mil personas en accidentes de tráfico,...

構文80 (*p. 113*)

1) Si he aceptado este trabajo, no es porque me guste el trabajo, sino porque necesito dinero.
2) Si esa película estableció un récord de taquilla [recaudación], no es porque trabajaran actores populares, sino porque era una obra excelente.

構文81 (*p. 114*)

1) En vista de que la crisis monetaria se prolonga cada vez más, hay más empresas que despiden [están despidiendo] a sus trabajadores.
2) Ella sacó un sobresaliente en el examen, puesto que había estudiado mucho.
3) No sé qué regalarle, ya que desconozco sus gustos.

構文82 (*p. 115*)

1) El dormir es tan vital para mantener la salud que uno podría morirse por falta de sueño.
2) Ricardo está tan enamorado de Teresa que hace cualquier cosa que ella le diga.
3) El director es tan terco que defiende a toda costa sus opiniones.

構文83 (*p. 116*)

1) Vivo tan cerca de la estación que sólo uso el coche los fines de semana.
2) Llovía tan poco que no tuve que abrir el paraguas.
3) El tren bala corre a una velocidad tan alta que los pasajeros no pueden disfrutar de los paisajes.

構文84 (*p. 117*)

1) La situación política se ha complicado tanto que ya no hay quien la arregle.

2）Ha llovido tanto que se ha inundado una parte de la ciudad.
3）Me gusta tanto esta pieza musical que la escucho diariamente.

構文85（*p. 118*）
1）Había tanta gente en el andén que no se podía dar ni un paso.
2）He visto tantas películas este mes que no hay ninguna en la cartelera que no haya visto.
3）He comido tantos platos fuertes durante el viaje que ahora prefiero comer platos sencillos.

構文86（*p. 119*）
1）El alcalde no está tan ocupado como para no tener tiempo de dormir.
2）Jamás he bebido tanto como para perder el conocimiento.
3）No hacía tanto calor［No hacía un calor tal］como para que resultara difícil respirar.

構文87（*p. 120*）
1）Las ventas de los grandes almacenes siguen bajando cada año, por lo que dicen que estamos en una “época de recesión económica caracterizada por el bajo nivel de consumo”.
2）La falta de lluvia ha obligado al ayuntamiento a realizar restricciones de agua, por lo que éste pide a los vecinos no despilfarrarla.
3）En Japón el parto［el dar a luz］va directamente ligado con el casamiento, por lo que el aumento de la tasa de soltería está en relación directa con la caída de la tasa de natalidad.

構文88（*p. 121*）
1）No tiene coche, así que va en tren al trabajo.
2）Has engordado demasiado, de modo que tendrás que hacer［ponerte a］régimen.
3）Está lloviendo copiosamente. Suspenderán, pues, el partido de béisbol de esta noche. または Está lloviendo copiosamente; luego suspenderán el partido...

構文89（*p. 122*）
1）Aunque ya ha cumplido los ochenta años, sigue haciendo *footing* todas las mañanas.

2）Aunque tiene una novia con quien ha prometido casarse, todavía no ha dicho nada a sus padres.
3）Aunque es de mentalidad abierta, él no está de acuerdo con la abolición total de la pena de muerte.

構文90（*p. 123*）
1）La selección japonesa no conquistará la Copa Mundial, aunque los hinchas la animen con toda la fuerza［con todas sus fuerzas］.
2）Aunque los políticos digan la verdad, nadie lo cree en este país.
3）Aunque se haga multimillonario, él no cambiará el actual modo de vivir que tiene ahora.

構文91（*p. 124*）
1）Aunque cincuentona, está bien conservada.
2）Aunque sin muchas ganas, te acompañaré al cine esta noche.
3）No nos quedaba más remedio que aceptar esas condiciones aunque sin querer.

構文92（*p. 125*）
1）A pesar del calor que hace, las ventanas de la habitación están cerradas.
2）A pesar de su avanzada edad, ella nada una hora diariamente.
3）Pese a la depresión económica, no se reducen las horas de trabajo.

構文93（*p. 126*）
1）A pesar de haber comprado las entradas con un mes de anticipación, no pudimos conseguir más que los asientos de las últimas filas.
2）Se casará, a pesar de que se oponen sus padres.
3）A pesar de que hizo todos los trámites requeridos, no le concedieron el visado de residencia.

構文94（*p. 127*）
1）La obra de teatro que vi ayer tenía una calidad excelente, si bien era demasiado larga.
2）La esperanza de vida de los japoneses que residen en las grandes ciudades ha empeorado, si bien la de los japoneses en general ha mejorado ligeramente.

3）Si bien es cierto que se incrementa cada año la producción mundial de alimentos, también la población mundial sigue aumentando año tras año.

構文95（*p. 128*）

1）Mi hermano está viendo la tele, mientras que yo estoy estudiando mucho.

2）En Cuba viven solo unos mil trescientos *nikkei*, mientras que en Perú residen más de cien mil *nikkei*.

3）Me gusta mucho viajar, mientras que mi marido prefiere estar en casa leyendo libros.

構文96（*p. 129*）

1）Por más tonterías que diga, nadie se atreverá a contradecir al director general.

2）Por mucho dinero que me ofrezcan, no pienso vender este terreno a nadie.

3）Por más ropa que se ponga para abrigarse, ella dice que se muere de frío en invierno en Tokio.

構文97（*p. 130*）

1）Por más [mucho] que intenten convencerlo, el presidente no cambiará su opinión.

2）Por más [mucho] que averigües, nunca sabrás qué pasó aquella noche.

3）Por más [mucho] que se devanaba los sesos, él no conseguía montar el rompecabezas.

構文98（*p. 131*）

1）Por muy enfadado que estés, no debes perder la calma.

2）Por muy rápido que sea el tren bala, no puede cubrir el trayecto de Tokio a Hakata en una hora.

3）Por muy bien que juegue al béisbol, mi hijo no podrá ser un jugador profesional.

構文99（*p. 132*）

1）Trabajemos o no trabajemos, no cambia la calidad de vida.

2）Vayas a votar o no, no cambiarán los resultados de las elecciones.
3）Llueva o no （llueva）, el partido se realizará tal como está programado.

構文100 （*p. 133*）
1）Cueste lo que cueste, los dos países deben firmar el tratado de paz.
2）Según los expertos, el colesterol ha de estar por debajo de un nivel determinado sea cual sea la edad.
3）Hay que ganar el partido sea como sea.

構文101 （*p. 134*）
1）Las personas que tienen veinte años o más, cualquiera que sea su ideología, tienen derecho a votar en nuestro país.
2）Todos pueden trabajar en la ONU, cualquiera que sea su nacionalidad.
3）Cualquiera que sea la nobleza de los objetivos que conseguir, no se puede permitir acudir a las armas.

構文102 （*p. 135*）
1）Aun a sabiendas de la protesta de los vecinos, el ayuntamiento autorizó la construcción de la planta de tratamiento de basuras.
2）Él compró las acciones de esa empresa, aun a sabiendas de que iban a bajar.
3）Aun a sabiendas de que el equipo no tenía posibilidades de ganar la liga, los jugadores hicieron todo lo posible en el último partido.

構文103 （*p. 136*）
1）En Japón muchas presas fueron construidas para crear reservas de agua y evitar inundaciones.
2）Mañana me voy a levantar más temprano que de costumbre para no llegar tarde a clase.
3）El presidente salió por la puerta trasera del edificio para evitar el encuentro con la gente de los medios de comunicación.

構文104 （*p. 137*）
1）Tienes que regar las plantas diariamente para que no se mueran.
2）Las autoridades presionaron a los obreros para que dejaran de hacer la huelga.
3）Mi abuela fue a un balneario de aguas termales para que se le aliviasen

los dolores neurálgicos.

構文105 (*p. 138*)

1) Se ha fundado hoy la comisión para atender los problemas de tráfico con el objeto de reducir a la mitad el número de muertos por accidentes de circulación.
2) Ella hace dos horas diarias de *footing* con el fin de poder trabajar en plena forma física.
3) Estoy ahorrando con miras a realizar un viaje a México.

構文106 (*p. 139*)

1) La semana de la seguridad de tráfico tiene por objeto impedir que se produzcan accidentes de circulación.
2) La autopsia judicial tiene por objeto averiguar las causas de la muerte.
3) Las nuevas medidas económicas tienen como principal objetivo frenar la inflación.

構文107 (*p. 140*)

1) No bebas tanto, no vayas a tener resaca mañana.
2) Llévate el mapa y la brújula, no vayas a extraviarte en la montaña.
3) Come más verduras y menos carne, no sea que te suba la tensión arterial.

構文108 (*p. 141*)

1) Si no conduces con más prudencia, algún día tendrás un accidente.
2) Si se le aplica una compresa fría, le bajará la hinchazón del tobillo.
3) Si aumenta la importación de alimentos, disminuye la tasa de autosuficiencia alimentaria.

構文109 (*p. 142*)

1) Si hiciera buen tiempo, se podría jugar el partido.
2) Si esta ciudad contara con más establecimientos donde alojarse, vendrían más turistas.
3) Nadie pensaría que existe aquí una central nuclear si no hubiera esa enorme torre de altas tensiones.

構文110 (*p. 143*)

1) Si la ambulancia hubiera venido con urgencia, él habría podido salvarse.
2) Si el tifón no hubiera causado daños, habríamos tenido buena cosecha de melocotones este año.
3) Si el cielo hubiera estado despejado, habríamos podido ver el monte Fuji desde las ventanas del tren.

構文111 (*p. 144*)

1) De seguir disminuyendo el número de usuarios del avión, muchas aerolíneas caerán en una crisis financiera.
2) De atravesar el tifón por la Región de Tohoku, se teme que vaya a causar grandes estragos en los productos agrícolas de la zona.
3) De haber sabido que ibas a México, te habría dado la dirección de un buen hotel.

構文112 (*p. 145*)

1) Esa aerolínea ha puesto a la venta los pasajes de la clase ejecutiva con descuento para vuelos internacionales a condición de que los usuarios hagan un viaje de ida y vuelta.
2) Te contaré mi secreto a condición de que no se lo digas a nadie.
3) La emisora de televisión financia el viaje del aventurero a condición de grabar todo el recorrido.

構文113 (*p. 146*)

1) El gobierno cree inevitable hacer algunas concesiones con tal de que aprueben este proyecto de ley en el Parlamento.
2) Con tal de recuperar la salud, estoy dispuesto a soportar cualquier operación.
3) Él pagaría cuanto le pidan con tal de conseguir ese programa de juego.

構文114 (*p. 147*)

1) Mientras se tome la cantidad recetada, no hay peligro de sufrir efectos secundarios de este medicamento.
2) El fabricante no debe suspender la producción de ese producto mientras haya demanda.
3) Pienso trabajar como médico[a] mientras haya pacientes que me

necesiten.

構文115 （*p. 148*）

1） Ningún consejo le servirá de nada, a no ser que ella tenga voluntad de ganar las oposiciones.
2） A menos que los electores hagan uso de su derecho a voto, no funcionaría el sistema democrático.
3） A menos que los usuarios se quejen directamente a la empresa del agua, esta no tomará ninguna medida.

構文116 （*p. 149*）

1） El ayuntamiento nos expropió el terreno para la ampliación de la carretera a cambio de una indemnización.
2） Esa multinacional pretende introducirse en el mercado europeo a cambio de invertir una gran suma de dinero.
3） Puedes vivir en mi piso durante mi ausencia a cambio de que cuides las plantas de la terraza.

構文117 （*p. 150*）

1） No utilice el ascensor en caso de incendio.
2） El presidente no tendrá más remedio que dimitir en （el） caso de no encontrar una solución satisfactoria.
3） Hay un órgano público que se encarga de pagar la deuda en （el） caso de que se declaren en quiebra las empresas que se han beneficiado del crédito.

構文118 （*p. 151*）

1） Como advierte la historia de la Edad Antigua, la civilización se extingue cuando se le agotan los recursos.
2） La verdura sirve para prevenir muchas enfermedades, como señalan muchos especialistas.
3） Puedes programar el viaje como quieras.

構文119 （*p. 152*）

1） Tal como yo suponía, el Yakulto ha ganado la liga de este año.
2） Tal como marchan las cosas, será cuestión de tiempo la quiebra ［bancarrota］ de esa empresa.

3）Tal como suele decirse, la historia se repite.

構文120（*p. 153*）

1）Él pronuncia el discurso de apoyo como si el candidato a la alcaldía fuera él.

2）Después de la muerte de su padre, él está actuando como si nada le hubiera pasado.

3）Las cigarras empezaron a chirriar a coro como si hubieran esperado a que pasara［se fuera］la tormenta.

構文121（*p. 154*）

1）Hay muchas estrategias que pueden reducir los gases de efecto invernadero sin que quede frenado el crecimiento económico.

2）Se ha formado un nuevo partido político, sin que haya políticas concretas.

3）Se celebraron repetidamente las negociaciones pesqueras entre ambos países, sin que pudieran llegar a un acuerdo.

第6章　その他の構文

構文122（*p. 157*）

1）Nieve o llueva, el tren no se retrasa.

2）Hace dos años que estoy sin trabajo.

3）Hay más de doscientos restaurantes españoles en la zona metropolitana.

構文123（*p. 159*）

1）Ayer me robaron el celular［móvil］en el metro.

2）No le concederán el crédito si usted no tiene algo que hipotecar.

3）El mes pasado me adjudicaron el primer premio en un concurso fotográfico.

構文124（*p. 160*）

1）Se come muy bien en este restaurante.

2）Se tarda diez minutos a pie de la estación a la universidad.

3）No se puede entrar en las casas japonesas con los zapatos puestos.

el año pasado, figuran algunos japoneses.

構文142 (*p. 178*)
1) No siempre es bueno seguir el ejemplo de los mayores.
2) El precio alto no siempre garantiza la calidad.
3) No siempre merece la pena leer los libros más vendidos.

構文143 (*p. 179*)
1) Hay una relación de causa y efecto entre la mente y el cuerpo.
2) Hay un foso de orquesta entre el escenario y el patio de butacas.
3) No hay vinculación directa entre las muertes por trombosis venosa profunda y la estrechez de los asientos en el avión.

第7章　比較構文

構文144 (*p. 182*)
1) El tren es más cómodo que el autobús.
2) El gimnasio es un edificio más viejo que la biblioteca.
3) Las relaciones diplomáticas son tan importantes como las comerciales.

構文145 (*p. 183*)
1) Es mejor para la salud ir a pie que ir en taxi.
2) Engañar es peor que ser engañado.
3) Mi hermano mayor es menor que Enrique.

構文146 (*p. 184*)
1) Los daños causados por el terremoto del otro día son más graves de lo que nos imaginábamos.
2) Este estanque es mucho más hondo [profundo] de lo que parece.
3) Este progama de traducción automática es más práctico de lo que yo pensaba.

構文147 (*p. 185*)
) El Shinano es el río más caudaloso de Japón.
) ¿Cuál es el mejor método para aprender español?

構文125 (*p. 161*)
1) Han sido detectados en Holanda posibles casos de ganado portador del virus de la fiebre aftosa.
2) La entrada en el gobierno de ese comentarista fue criticada duramente por los medios de comunicación.
3) El bizcocho fue llevado [traído] a Nagasaki por los portugueses en la época [en tiempos, durante el reinado] de Toyotomi Hideyoshi.

構文126 (*p. 162*)
1) Se venden periódicos y revistas en los quioscos de la estación.
2) Una gran cantidad de ganado se cría en granjas pequeñas con el fin de obtener la mayor rentabilidad posible.
3) En la exposición de cerámica se exhiben obras de famosos ceramistas de Japón.

構文127 (*p. 163*)
1) Se me estropeó el televisor cuando veía un partido de fútbol.
2) Se me ha metido una mota de polvo en el ojo izquierdo.
3) Se le ocurrió una buena idea cuando paseaba por el parque.

構文128 (*p. 164*)
1) Los niños vieron saltarse un semáforo en rojo un coche deportivo de color blanco.
2) No he oído nunca a Pedro hablar en español.
3) Ella sentía palpitar el corazón de los nervios que tenía.

構文129 (*p. 165*)
1) Los frecuentes atentados terroristas tienen aterrorizados a los vecinos de la región.
2) Ella tuvo que llevar enyesado el brazo izquierdo durante dos semanas para curar la fractura.
3) La disminución de los fondos de pensiones es un problema que nos tiene preocupados.

構文130 (*p. 166*)
1) El tifón nos hizo suspender el viaje a Okinawa.
2) Este paisaje me hace recordar mi pueblo natal.

3) El aumento de la delincuencia juvenil nos hace reflexionar sobre el sistema educativo de nuestro país.

構文 131 (*p. 167*)
1) Los padres no dejan a Taro ir a estudiar a México.
2) Dejé a las abejas libando el néctar de las flores.
3) No deje olvidados objetos de valor encima de la mesa.

構文 132 (*p. 168*)
1) Esa actriz nunca se deja tomar fotos si no se trata del trabajo.
2) Es un hombre audaz que no se deja impresionar por nada.
3) Los espectadores se dejaron impresionar por la última escena.

構文 133 (*p. 169*)
1) Pagando el suplemento, podemos hospedarnos en [ocupar] la habitación con vista al mar.
2) Llegó a ocupar el cargo de ministro siendo todavía joven.
3) Trabajando duro durante veinte años, ella ha conseguido amasar la fortuna que hoy ostenta.

構文 134 (*p. 170*)
1) Una vez aprobado el nuevo proyecto de ley sobre la reforma tributaria, se levantó la sesión del Parlamento.
2) Cansada de esperar, dejó de solicitar la visa [el visado].
3) Cubiertos de flores los cerezos, todos celebraron la llegada de la primavera bebiendo y cantando.

構文 135 (*p. 171*)
1) Las vacaciones de verano del hemisferio sur no son en agosto, sino en febrero.
2) Mi padre no es miope, sino astigmático.
3) Las personas detenidas no van a la prisión, sino a la prisión preventiva.

構文 136 (*p. 172*)
1) Él no tiene empleo fijo, sino que se gana la vida haciendo trabajos temporales.
2) No fui yo quien invitó a María a ir al cine, sino que fue ella quien me pidió que la acompañase.
3) Lamentablemente los pobres no se hacen ricos, sino que los ricos hacen más ricos.

構文 137 (*p. 173*)
1) Mi padre no solo dejó de fumar, sino también de beber.
2) El agua mineral es utilizada no solo como agua para beber, s también para cocinar.
3) Esa zapatería no solo vende calzado, sino que también lo repara.

構文 138 (*p. 174*)
1) Ese jugador de béisbol no ha conseguido buenos resultados en temporada, pero no por ello se esperan peores resultados pa próxima temporada.
2) La seguridad alimentaria es importante, pero no por ello preva sobre el hambre.
3) Ese país no es rico económicamente, pero no por ello el pueblo infeliz.

構文 139 (*p. 175*)
1) No pude por menos de echarme a reír al oír su chiste.
2) No puedo por menos de reconocer que yo estaba en un error.
3) No podemos por menos de hacer una objeción a esa propuesta.

構文 140 (*p. 176*)
1) Una cosa es ser buen profesional y otra muy distinta, ser una p cabal.
2) Una cosa es batir el récord mundial y otra, ganar la medalla de
3) Una cosa es entender la filosofía del *zen* y otra muy distinta, p los ejercicios del *zen*.

構文 141 (*p. 177*)
1) Entre los principales motivos del suicidio se hallan, entre o problemas económicos y padecer enfermedades.
2) Entre las fuentes del agua mineral que se vende en el merca algunas que se encuentran cerca de los campos de golf.
3) Entre los jugadores de las Grandes Ligas que establecieron lo

3）El fuego alcanzó los pisos más altos del edificio.

構文148（*p. 186*）

1）*El Quijote* es una de las novelas más famosas de la literatura española.

2）Esta calle es una de las más animadas de Shibuya.

3）La Costa del Sol es una de las zonas más visitadas por los turistas extranjeros.

構文149（*p. 188*）

1）Brasil tiene mucha más deuda externa que Chile.

2）El Sr. Fernández tiene tanta experiencia en este campo como él.

3）En la actualidad los vídeos tienen más aceptación que el cine.

構文150（*p. 189*）

1）El director tiene mayor responsabilidad que sus subordinados.

2）El sector de exportación sufrió mayores pérdidas que el año anterior debido a la apreciación del yen.

3）Los autobuses transportan menor cantidad de pasajeros que los trenes.

構文151（*p. 190*）

1）Te levantas más temprano que los pájaros.

2）El nuevo lavavajillas limpia mejor que el que teníamos antes.

3）Desde que llevé el coche a la revisión técnica funciona peor que antes.

構文152（*p. 191*）

1）Málaga es el restaurante donde se come mejor en esta ciudad.

2）Mi padre se levanta más temprano que nadie. /
Mi padre es el que se levanta más temprano（en casa）.

3）Me gusta esta ciudad más que ninguna otra ciudad del mundo.

構文153（*p. 192*）

1）No hay nada más duro que no entender el idioma en el extranjero. /
No hay nada tan duro como no entender el idioma en el extanjero.

2）No había ninguna mujer más elegante que ella en la fiesta. /
No había ninguna mujer tan elegante como ella en la fiesta.

3）No conozco ninguna playa más hermosa que las de Okinawa.

構文154（*p. 193*）

1）No hay nada mejor que una cerveza bien fría cuando hace un calor bochornoso.

2）Para recuperarse del cansancio físico, no hay nada mejor que dormir.

3）No hay mayor desesperación que perder el partido en los últimos minutos.

構文155（*p. 194*）

1）Mi viaje a España no resultó tan divertido como yo esperaba.

2）Él no debe de ser tan joven como parece si ha llegado a ser director.

3）No hay tanta gente en Granada como en Madrid.

構文156（*p. 195*）

1）Lo que más me gusta hacer en invierno es esquiar.

2）El idioma extranjero que más quieren aprender los estudiantes españoles es el inglés.

3）Los turistas extranjeros que más visitan Japón son chinos.

構文157（*p. 196*）

1）Cuanto más frío hace, más me gusta el invierno.
Me gusta tanto más el invierno cuanto más frío hace.

2）Cuanto más explica el profesor, menos le entendemos.

3）Cuanto más viejo se hace uno, más olvidadizo se pone.

構文158（*p. 197*）

1）Me da tanta más pena no haber podido ver esa película cuanto que la esperaba ver desde hacía mucho tiempo.

2）Estoy tanto más contento de que me hayan pagado la gratificación cuanto que no esperaba cobrarla.

3）Este problema es tanto más grave cuanto que no se trata de un fenómeno nuevo.

構文159（*p. 198*）

1）Cada vez recibimos menos cartas escritas a mano.

2）Debido a la depresión económica se hace cada vez más difícil encontrar trabajo.

3）La popularidad del actual gabinete es cada vez más baja.

構文160（*p.199*）

1）Hay muchos políticos que no piensan más que en ganar las elecciones.

2）Mi padre no escucha más que la música clásica.

3）Él no tiene otro pariente que su abuelo.

構文161（*p.200*）

1）Te recomiendo que te compres un modelo lo más nuevo posible.

2）Tienes que llegar al hotel lo más pronto posible.

3）Tenemos que redactar un informe lo más detallado posible.

構文162（*p.201*）

1）Como estoy engordando últimamente, procuro pesarme lo menos posible.

2）Los médicos intentan que los pacientes sufran lo menos posible.

3）Se espera la invención de automóviles que contaminen lo menos posible la atmósfera.

構文163（*p.202*）

1）No tienes más que llamarme por teléfono cuando llegues al aeropuerto.

2）Como ya ha salido el último tren, no tenemos más remedio que regresar a casa en taxi.

3）Como me duele la muela del juicio, no me queda más remedio que ir al dentista.

構文164（*p.203*）

1）El periódico B es el tercer periódico más importante del mundo en cuanto a la tirada.

2）Madrid es la segunda ciudad del mundo con mayor número de zonas verdes.

3）Nuestra empresa es la tercera más grande del mundo en cuanto al número de empleados.

構文165（*p.204*）

1）Soy diez centímetros más alto que mi esposa.

2）Este escáner es veinte mil yenes más caro que ese.

3）El jardín de tu casa es dos veces más grande que el de mi casa.

索　引

（数字は構文番号）

【B】

【C】

【F】

【G】

【H】

【I】

【J】

【K】

【O】

【P】

著者紹介

小池和良（こいけ　かずみ）

1952年生まれ

東京外国語大学大学院修士課程修了

スペイン国立通信教育大学博士課程修了（スペイン文学博士）

現　在：拓殖大学外国語学部教授

専　攻：スペイン語学

著　書：『小学館和西辞典』（共編，小学館）

『〈新版〉スペイン語作文の方法［表現編］』（三修社）

Colocaciones léxicas en el español actual（アルカラ大学/拓殖大学）ほか

編訳書：『スペイン語会話 クイックレファレンス』（共訳編，第三書房）

〈新版〉スペイン語《ご》作文《さくぶん》の方法《ほうほう》［構文編《こうぶんへん》］音声《おんせい》DL対応《たいおう》

2023年2月20日　　第1刷発行

著　者　小池和良

発行者　前田俊秀

発行所　株式会社 三修社

〒150-0001 東京都渋谷区神宮前2-2-22

TEL 03-3405-4511　FAX 03-3405-4522

振替 00190-9-72758

https://www.sanshusha.co.jp

編集担当　松居奈都

印刷製本　日経印刷株式会社

 ISBN 978-4-384-06066-9 C1087

ブックデザイン・DTP　フログラフ

編集協力　益邑沙季